사무치는 그리움으로
목욕탕의 슬픈 추억

사무치는 그리움으로
목욕탕의 슬픈 추억

김한섭 지음

도화

목차

작가의 말

사무치는 그리움으로

아이의 23년 세상 나들이를 추억하며 · 14

정현아 고마워! · 19

민정아 고마워! · 21

천국에 있는 아들에게! · 25

가슴에 묻은 지 2년 · 29

목욕탕의 슬픈 추억 · 33

엄마 밥 줘! · 37

이 세상에서의 마지막 편지 · 41

흰 꽃 선물 · 47

천국에서 우리 엄마를 추억합니다 · 52

함께 찍지 못한 가족사진 · 57

함께하는 고마움으로

아들아 고마워! · 62

아버지와 아들, 그리고 그리움 · 64

'정현아 미안해!' 보다 '정현아 고마워!' · 67

아이가 몇이지? · 73
부모는 땅에 묻고[天崩], 자식은 가슴에 묻는다[慘慽] · 77
추모비 제막식을 마치면서 · 81
다시는 자식과 영영 이별하는 일이 없기를 · 86
하늘나라 아이에게 지킨 "약속" · 90
정현장학금과 명예졸업장, 그리고 영결식 · 94

하루하루를 간절함으로
귀향, 그리고 내 고향 퇴촌 · 100
배우고 가르치고, 꿩 먹고 알 먹고 · 105
포커페이스 · 110
학이시습지불역열호學而時習之不亦說乎 · 115
사람의 귀가 두 개인 이유? · 120
요즘 잘 안 보이던데 어떻게 지내는 겨? · 124
천사의 속삭임 · 128
언젠가 다가올 그날의 준비 · 133
내 고향 퇴촌 예찬 · 136
섬집 아기 · 142
나누는 것의 즐거움 · 145
아버지와 술 · 150

40년을 호칭으로

호칭으로 살아 온 40년 · 156
선가후공先家後公 · 161
카리스마의 본질은 '부드러움'이다 · 165
나도 때로는 건방지고 싶다 · 171
있을 때 잘해! · 174
문상객 숫자 · 179
산불이 맺어 준 인연 · 183
새벽 출근의 즐거움 · 188
휴가와 재충전 · 192
아버지의 직업 · 195
작지만 확실한 행복, '소확행'을 찾아 · 198

여행은 갤러리다

여행은 갤러리다 · 204
노이슈반슈타인 성城과 루트비히 2세 그리고 정조 · 206
살기 좋은 도시 바이에른왕국의 首都 뮌헨 · 212
2차세계대전의 상흔을 고스란히 간직한 곳 베를린 · 219
몽골제국, 그리고 징기스칸 · 226
역사의 현장 심양에서 · 231

살며 살아가며 – 문학인으로의 삶

문학인으로의 삶 · 238

정현이와 함께한 기억들

위로와 격려의 이야기

김정현 일병은 왜 보이지 않습니까? · 264
부디 가는 길 평온하고 영면하소서! · 267
오늘따라 아침부터 눈이 많이 내리는군요! · 269
마치 둔기로 머리를 얻어맞은 것과 같은 충격이었습니다. · 271
녹지 않는 아이스크림 · 274
일본어를 잘하는 형이었습니다! · 279

에필로그

| 작가의 말 |

남편을 보내고 아들까지 잃은 작가 박완서는 「한 말씀만 하소서」에서 참척慘慽의 고통을 이렇게 절규했다.

"내가 이 나이까지 겪어 본 울음에는, 설사 일생의 반려를 잃은 울음이라 할지라도, 지내놓고 보면 약간이나마 감미로움이 섞여 있기 마련이었다."

그 감미로움에는 고통을 견딜 만하게 해 주는 진통제 같은 게 들어있었다. 오직 참척慘慽의 고통에만 전혀 감미로움이 섞여 있지 않았다. 구원의 가망이 없는 극형極刑이었다. 끔찍한 일이었다.

야속하게 흘러가 버린 20년

2005년 3월 12일 대전국립현충원 안장을 끝으로 계룡산 자락에서 영면에 들어간 아이. 이듬해 현충일을 전후에 국가 순직 위로금을 아이가 다니던 모교에 장학금 전달, 이후 총장님의 배려로 명예 졸업장을 받는 기회도 주어졌다. 학우들과 노닐던 일문과 강의동 앞에 '정현수樹'로 이름 붙여진 작은 주목과 묘비도 세워졌다.

2006년에는 아이를 그리워하는 마음으로 틈틈이 쓴 글로 『한국작가』를 통해 등단, 수필가라는 영광도 주어졌다. 아이가 복무했던 강원도 철원 부대 정문 옆에는 추모비도 세워졌다.

비록 세상 떠난 후이지만 수원 원천동 성당에서 이기수 요아킴 신부님의 배려로 화세火洗를 받아 김정현 대건 안드레아로 다시 태어났다. 2023년 7월에는 수필 「목욕탕의 슬픈 추억」으로 한국문인협회 주관 제12회 월간문학상을 수상하기도 했다. 다니고 있는 퇴촌 성당에서 총회장이라는 과분한 직분도 감당하고 있다. 모든 게 감사한 일이다.

세상 떠난 다음 해 2006년 『이 세상에서의 마지막 편지』를, 10주기인 2016년에는 『정현아 고마워!』 출판을 통해 천상의 아이와 대화할 수 있는 기회를 가졌다. 그리고 이번에 세 번째 추모 출판을 하게 되었다.

큰 힘이 되어주신 김호운 한국문협 이사장님과, 권남희 수필분과 회장님, 소설분과 김영두 회장님께도 감사드린다.

제18대 국회의원이셨고 국립공원관리공단 이사장을 역임하신 박보환 사돈어른의 따뜻한 응원과 격려에도 감사드린다.
　부디 이 글을 통해 자식을 먼저 보내고 아파하는 모든 부모님에게 조금이나마 위로와 격려가 되었으면 하는 바람 또한 가져본다.
　신성한 국방의 의무를 수행하다 순직한 아들의 숭고한 정신을 되새기고, 국가유공자 유가족으로서의 자긍심도 가져야겠다.

　이번 출판에 동참하기 위해 독일에서 와 준 고마운 딸 민정이 듬직한 사위 박기태, 눈에 넣어도 아프지 않을 사랑스러운 '손자 준오와 손녀 린아'에게도 고마운 마음 가득하다. 이번에 함께 출판하는 고마운 아내 석순옥에게도 감사의 마음을 전해야 할 것 같다.
　추모 출판이라는 의미를 잘 담아주신 도서출판 도화의 대표님과 김성달 편집주간 께도 감사드린다. 바쁜 일정에도 편집 전반에 걸쳐 많은 조언을 해 준 조유영 지역 후배께도 감사한 마음이다.

　어둡고 긴 터널을 지나오면서 끝이 보이지 않을 것만 같은 방황의 시간도 있었다. 한없는 좌절 가운데 참고 견디어 온 인고忍苦의 시간들. 앞으로는 우리 가족에게 한 줄기 소망의 빛이 비치는 따뜻한 삶이 되기를 간절히 소망해 본다.

2025년 8월 30일
삶의 안식처 퇴촌 벌말에서 김한섭

사무치는 그리움으로

아이의 23년 세상 나들이를 추억하며

　자연분만이 어려워 수술을 해야 한다는 의사 선생님의 권유에 따라 수술 동의서에 도장을 찍으며 엄마의 건강은 물론 아기의 순산을 기원하며 마음 졸였던 기억이 떠오른다. 1983년 7월 8일 세상 나들이가 시작됐다.
　하지만 바르고 어질게 살라는 염원을 담아 바를 '정正' 자에 어질 '현賢' 자를 써 '김정현'으로 살아 온 세상 나들이는 2005년 1월 18일 22년 6개월이라는 기간에서 멈춰버렸다.

　맞벌이를 하는 관계로 함께할 시간이 많지 않아 늘 미안한 마음이었지만 별 탈 없이 무럭무럭 자라주었다. 지금처럼 자동 난방이 되지 않아 연탄불에 물을 끓여 세수하던 시절, 데워진 양은

솥 뜨거운 물을 조금이라도 더 세숫대야에 담으려 고집 부리던 깔끔하고 착한 유년 시절이었다.

평소 자기 생각을 잘 표현하지 않았고, 섭섭한 게 있어도 좀처럼 내색하지 않는 듬직·과묵했고 심지 깊은 아이였다. 내성적인 성격을 바꾸어 보고 싶다며 성당에 나가기 시작, 힙합을 배워 거실에서 머리를 바닥에 대고 빙빙 돌며 자랑하던 고교 시절의 모습을 떠올리면 지금도 억장이 무너진다..

남다른 국가관을 가진 의로운 젊은이기도 했다. 2000년 5월 일본 국외훈련을 떠나게 되어 함께 가자고 하자 '우리나라를 36년간 강제 지배했던 나라를 왜 가느냐?'라며 반대했던 아이였다. 세계화 시대에 살아남기 위해서는 넓은 세상을 알아야 한다며 설득, 2000년 9월부터 2년 7개월간 가족과 함께 한 꿈만 같았던 일본에서의 2년 6개월.

난방이 되지 않는 3평짜리 좁은 다다미방에서 서로의 온기를 느끼며 지냈던 아스라한 시간들. 녹녹하지 않은 고달픈 외국 생활이었지만 풋풋한 가족애로 서로를 감싸고 보듬으며 보냈던 시간이 주마등처럼 떠오른다.

몸소 느끼고 체험했던 생생한 많은 경험을 국가와 가족을 위해 더 열심히 살아야 할 아이는 세상에 없다. 이게 어찌된 일인가 말이다.

외국 생활에 익숙해 갈 무렵인 2003년 3월, 2년 6개월의 일본 생활을 끝내고 함께 귀국하면서, 적응이 힘들지 않을까 염려했지만 무난히 대학에 입학 후 평범한 대학 생활하는 모습이 얼마나 대견했는지.

'평소 돈을 잘 안 쓰는 구두쇠였지만 시골에서 올라와 자취하는 친구들과 함께할 때는 주저하지 않고 돈을 썼다'는 친구들의 이야기는 나를 더욱더 슬프게 한다.

빨리 군에 다녀와 일본으로 다시 유학을 가고 싶어 했던 아이의 꿈은 물거품이 되고 말았다. 그렇게 할 일도, 꿈도 많은 아들이었는데, 왜 사랑하는 가족만 남겨두고 홀연히 떠나갔는지 그저 답답할 뿐이다.

2004년 8월 31일 입대해, 훈련을 마치고 자대 배치 후 훈련이 없는 날에는 내무반원들에게 일본어를 가르치는 등 내무반 생활도 잘 적응했다고 한다. 어떤 힘든 훈련이라도 참아낼 수 있다고 하며 군 생활 무사히 마치면 부모님께 효도하겠다고 다짐했던 이 세상에서의 마지막 육필 편지를 읽고 있노라면 금방이라도 숨이 멎을 것 같다.

보초 근무를 마치고 귀대하던 중 탑승한 차량이 사고로 전복되어 후송 중이라는 청천벽력 같은 전화를 받고 달려가 보니 아이는 이미 이 세상 사람이 아니었다. 입대한 지 4개월 18일째인 날이었다.

국가를 위해서도 집안의 장손으로 해야 할 일이 많은 아이의 22년 6개월의 삶은 그렇게 끝나 버렸다. 그리고 스스로 예비해 둔 영원한 안식처 국립대전현충원에 잠들었다. 가엾고 불쌍해서 견딜 수가 없다. 20년 세월이 흘렀음에도 아직도 우리 가족에게는 스물셋 아이로 영원히 머물러 있음은 당연하다.

22년 6개월밖에 지켜주지 못한 게 부모로서 못내 미안하지만 함께 해 준 시간을 오히려 고맙게 생각하기로 했다.

감내하기 힘든 참척의 삶이지만 아이를 추모할 수 있는 몇 가지 일들을 실천하면서 천상에서 다시 만나게 될 그날을 기다리며 우리 부부는 살아간다.

군에서 받은 순직 위로금과 공직 생활을 마무리하고 받은 명예퇴직금으로 아이가 다니던 학교에 '정현 장학금'을 2006년부터 지금까지 전달하고 있다.

 당연히 아이가 받아야 할 졸업장을 2주기가 되는 해 대신 받으면서 우리 부부는 참으로 많은 눈물을 흘려야 했다. 학교에서는 일어일문학과 강의동 앞에 '정현수'란 이름이 붙여진 주목도 한 그루 심어 주었다. 아이가 근무했던 부대 정문 옆 아담한 곳에 추모비도 세워졌다. 모두가 감사한 일이다.

 불현듯 억장이 무너지는 외로움과 고단함이 밀려올 때가 있다. 그럴 때면 아이가 영면해 있는 국립대전현충원을 찾곤 한다. 비록 볼 수도, 만질 수도, 목소리도 들을 수 없지만 함께 했던 22년 6개월 아이와의 지난 시간을 추억하기 위해서다.
 '함께 있을 때 비로써 가족'이라는 말의 함의含意가 세상에 없는 아이가 더욱 더 그리워지는 이유가 아닐까 싶다.

정현아 고마워!

볼 수도, 만질 수도, 들을 수도 없습니다.
당장이라도 가족 앞에서 살며시 웃으며 나타날 것만 같은 착각 속에 우리 가족은 살아가고 있습니다.

고스란히 남아있는 유품을 하루빨리 없애라는 말을 수없이 듣지만 아내와 저는 그럴 수 없습니다.
오히려 특별한 날에는 운동화 한 켤레 사서 아이 방에 놓곤 하지요.

때로는 잊어버리기 위해 이사를 하자고 하면
아이 영혼이 집으로 찾아올 수 없다고 하는 엄마의 애절한 심정을 그 무엇으로 치유治癒 할 수 있을까요?

   고단함이 밀려올 때면
   아이가 영면永眠해 있는 국립대전현충원을 찾곤 합니다.
   그리고
   훌쩍 지나가 버린 20년의 시간을 추억해 봅니다.
   정현아 고마워!

민정아 고마워!

"도대체 결혼할 생각을 하지 않아 걱정입니다"

마흔을 훌쩍 넘겼음에도 결혼하지 않은 딸을 걱정하는 한 부부의 이야기가 문득 떠오른다.

교통사고로 세상을 떠난 오빠의 빈자리를 대신하기 위해서라고 한다. 부모님을 모시기 위해 평생 결혼을 하지 않겠다고 다짐(?)하는 딸의 마음을 나는 충분히 이해할 수 있다.

과연 결혼 적령기라는 게 있을까?

1990년만 해도 남자의 경우 27.9세, 여자는 24.8세에 결혼을 했다고 한다. 군대 다녀와 대학 졸업 후 1년 정도 직장 생활하다가, 여성의 경우 대학 졸업 또는 직업을 가진 후 결혼하는 게 일반적이었다.

도시의 경우는 상대적으로 늦게, 농촌 등 시골의 경우는 좀 더 일찍 결혼하는 추세였지만, 2000년대 들어와서 점점 늦어지다가, 2003년에는 남자는 30세를 돌파했고, 여성도 마찬가지였다고 한다.

2022년에는 남자 33.7세, 여자 31.3세로 90년대와 비교하면 5.8세, 6.5세가 늦어진 셈이다.

30대가 결혼하지 않은 비율은 남자의 경우 두 명 중 한 명꼴인 50%이상이, 여성도 34%나 된다고 하니, 이제 노총각, 노처녀의 기준을 40대로 올려 불러야 하지 않을까 싶기도 하다.

이렇듯 결혼 연령이 점점 늦어짐에 따라 출산율도 OECD국가 중 출산율 최하위라는 언론 보도를 접할 때마다 안타까운 마음이다.

적정한 나이(이른바 생물학적 적령기라고 해 두자)에 결혼해서 손자 손녀를 볼 수 있게 해주는 게 모든 부모의 가장 큰 바람이지만 현실은 그렇지 못한 걸 통계 숫자가 증명해 준다.

19년 전 군대 간 지 4개월 만에 세상을 떠난 아들 생각이 난다.

정확히는 2005년 1월 18일 유난히도 동장군이 기승을 부리던

날 최전방 철책선 안에서 보초 근무를 마치고 귀대하던 중 탑승했던 차량이 전복되는 바람에 하늘의 별이 되어 국립대전현충원에 잠들어 있다.

아내와 아들 그리고 딸 아이 함께 3년간의 일본 유학을 마치고 귀국한 지 2년째 되던 해, 당시 딸아이는 고등학교 2학년에 다니고 있었다.

남의 일로만 여겼던 청천벽력과도 같은 일을 겪으면서 견디기 힘든 시간을 우리 가족은 보내야만 했다. 한참 예민한 딸아이가 제일 걱정이었다. 하나밖에 없는 오빠를 잃고 힘들어하던 그때의 모습을 떠올리려니 가슴이 저려온다.

주변을 돌아보면 어린 나이에 오빠를 잃은 충격으로 평생 트라우마를 겪으며 살아가는 경우를 종종 목격한다. 오빠의 빈자리를 대신해서 가족을 책임져야 한다는 강박관념에 시달리면서 결혼할 엄두를 못 낸다고도 한다.

내심 걱정도 했지만, 부모 마음을 헤아렸던 지 스물아홉이 되던 어느 날 결혼하겠다며 남자 친구를 데려왔을 때, 섭섭한 마음 한편으로 안도의 한숨을 쉬었던 기억도 떠오른다.

며칠 전 결혼 후 남편 직장 따라 독일에서 살고 있는 딸 가족이 2주 정도 머물다 엊그제 돌아갔다. 초등학교 1학년에 다니는 손자 녀석의 봄 방학을 이용, 태어난 지 한 돌이 막 지난 손녀와 사위 네 식구가 함께한 꿈같은 시간이었다. 워낙 먼 곳이라서 가고 오는 게 그리 쉬운 일은 아니어서 이번 만남의 의미는 더욱더 소중했다. 하나밖에 없는 딸이 외국에서 사는 것이 무척이나 아쉽고 그리울 때가 많다. 영상 통화를 하고는 있지만 직접 볼 수 없는 손자, 손녀가 늘 눈에 밟힌다.

국내에 살아도 1년에 한두 번 볼까 말까 하는 게 현실이라며 1년에 한 번 정도는 딸아이를 보러 가는 우리 부부를 부럽다고 하는 이들도 있다. '아들 둔 부모는 국내 여행 가고 딸 둔 부모는 해외여행 간다.'라는 말의 주인공이라는 말도 듣는다.

오빠 떠나보내고 방황하는 삶 속에서 잘 견디고 구김살 없이 자라 준 자랑스러운 내 딸.
착하고 선한 신랑 만나 결혼해서 행복한 가정 이루고 엄마와 아빠한테 예쁜 손자, 손녀를 안겨 준 고마운 내 딸.
그리고 해외여행까지 할 수 있게 해준 고마운 내 딸
민정아 고마워!

천국에 있는 아들에게!

정현아!

작년, 그러니까 2004년 8월 31일.

유난히도 햇볕이 쨍쨍 내리쬐는 하늘을 바라보며 의정부 306 보충대 입소와 함께 시작된 너의 군 생활.

외할아버지 상중에 집을 다녀가는 바람에 100일 휴가를 올 수 없다고 하기에 12월 10일 1박 2일 외박을 얻어 철원의 어느 펜션에서 하룻밤을 새우던 시간이 애절하게 떠오르는구나.

"이번 겨울만 지나면 졸병 생활도 면하고 중고참 정도 되니 엄마, 아빠 걱정 마세요"라며 엄마 아빠를 위로하던 착한 아들이었잖니.

그리고 내년 2월이면 휴가 올 거라며 전화로 이야기할 때가 불과 며칠 전 아니었니?

너무나도 평범한 대한민국의 청년이었기에 무사히 군 생활 마치고 가족 품에 안기리라 철석같이 믿었는데…

그래 이게 무슨 청천벽력靑天霹靂이란 말이니…

남아있는 할머니, 민정이 그리고 엄마 아빠는 어떻게 살라고 너만 홀로 훌쩍 떠날 수 있는 거니? 네가 운전한 것도 아니고 단순한 차량 전복사고에 왜 네가 죽어야 했는지 지금도 답답한 마음이란다.

아직 믿어지지 않는구나.

지난번 네 편지에 이렇게 쓰여 있었지!

비록 최전방이라 날씨도 춥고 집 생각도 많이 나지만 우리 가족을 비롯해서 후방에 있는 모든 이들이 편안하게 생활할 수 있기에 어떤 어려움도 참을 수 있다고 하지 않았니? 정현아.

이제 와 생각해 보니 그동안 직장 바쁘다는 핑계로 제대로 대화조차 나눠보지 못한 게 천추의 한이 되는구나!

문득 가족과 함께했던 일본에서의 3년여 시간들이 떠오르는구나! 3평짜리 좁은 다다미방에서 4식구가 추위를 달래기 위해 서로 껴안고 잠을 청하며 외국 생활의 외로움을 달랬던 그 정겨운 시간들.

학예발표회에서의 너의 힙합 공연, 처음에는 일본어 때문에 힘들었지만 일본 친구들과 다정스럽게 대화를 나누는 너의 모습, 일본어능력시험에 합격해 기뻐하던 모습.

　솔직히 네 생각을 하면 할수록 억장이 무너지는 걸 참을 수 없어 "이제 내 자식이 아니야" 하고 잊어버리려 노력을 해 본단다. 하지만 소용없는 일임을 금방 알게 된단다.

　"그래 아빠는 아무리 고통스러워도 죽을 때까지 너를 생각하면서 살아갈 거야. 그러니까 너무 걱정하지 마."

　유난히도 추위를 많이 타던 너였는데 이제는 그 추운 민통선 안 초소에서 보초 근무 서지 않아도 될 테니 엄마 걱정도 덜어준 효자 아들이라 믿을게, 정현아!

　또 네가 묻힐 수 있는 편안한 안식처 국립현충원까지 스스로 예비해 두어 계룡산 자락에서 영면할 수 있게 한 현명한 아들로 생각할게. 이제 우리 가족은 '보훈 가족'이라는 이름이 하나 붙여졌단다. 너의 숭고한 죽음이 헛되지 않도록 이 세상 모범적으로 살아갈게.

　무척이나 사랑해 주었던 네 동생 민정이가 엊그제 그러더구나.

오빠는 비록 이 세상에 없지만 편안한 마음으로 하늘나라에 있을 거라고 하면서 오빠 몫까지 엄마, 아빠를 위해 열심히 하겠노라고…

정현아!

앞으로 가족들과 좀 더 많은 시간을 갖도록 노력할게. 특히 엄마와 함께 여행도 다니고 할게.

그게 저세상에 있는 정현이가 바라는 걸 테니까.

앞으로의 시간들 더욱더 공직 생활에 충실하도록 할게.

그리움이 사무쳐 보고 싶은 마음 깊어질 땐 네가 편안히 쉬고 있는 대전으로 언제든지 달려갈게. 너무 걱정하지 마.

가슴에 묻은 지 2년

우리 속담에 '부모는 땅에 묻고 자식은 가슴에 묻는다'는 말이 있다. 사람은 태어나 나이를 먹고 그리고 수壽를 다하면 세상을 떠나는 것이 당연한 이치理致지만 자식을 먼저 저 세상으로 보낸다는 것이 얼마나 가슴 아픈 일인가를 표현하는 말이다.

아이를 떠나보낸 지 2년!

돌아서서 눈물을 흘릴지언정 사람들 앞에서는 밝은 모습으로 살려고 무던히 노력했던 시간이었다. 돌이켜 보면 우리 가족은 일상은 많은 변화를 겪으면서 살아가고 있다. 그간의 이런저런 일들이 아련히 떠오르기도 한다.

첫째로, 집을 옮긴 것이 큰 변화라고 할 수 있다.

주인 잃은 황량한 텅 빈 방에서 아이의 체취를 느낄 때면 가슴이 미어져 오는 것을 어찌할 수 없었다. 그래서 "이사를 하게 되면 아이 영혼이 집을 찾아올 수 없다"는 아내의 반대를 무릅쓰고 우리 가족은 직장에서 가까운 곳으로 이사를 했다.

또 하나 '수필가'로서 글을 쓰게 된 일이다.

솔직히 하루라도 아이를 떠올리지 않는 날은 없다. 순간순간 사무치게 그리운 마음을 주체할 수 없을 때면 금방이라도 숨이 멎을 것만 같을 때도 있다. 그럴 때마다 마음 가는 대로 글을 쓰기 시작했다. 비록 만날 수는 없으나 글쓰기를 통해 못다 한 말들을 글로 표현할 수 있다는 게 얼마나 다행인지 모른다. 한국문인협회 부이사장께서 발행인이셨던 『한국작가』를 통해 「이 세상에서의 마지막 편지」로 수필 부문 신인상을 수상하는 영광이 주어졌다.

이제 글을 통해 좀 더 아이와 가까워질 수 있는 작은 출발을 했다. 세상에 없는 놈이기에 그 무엇도 해 줄 수 없지만 글을 매개로 천국과 지상에서 부자간의 영원한 대화를 시작한 것이 그저 행복할 따름이다.

피하거나 멀리하고 싶은 것들도 있다.

먼저 텔레비전을 시청하다가 군 관련 소식이 방영될 때면 나도 모르게 채널을 다른 곳으로 돌리게 된다. 군복 입은 모습만 봐도 아이 생각이 나 견딜 수 없기 때문이다. 솔직히 아이와 관련된 일이라면 모든 것을 잊어버리고 싶을 때도 있다. 또한 장손으로 집안 제례를 도맡아야 하지만 아이가 세상 떠난 후 추석과 설 명절에 제례를 올리지 않는다.

동생들은 "천금 같은 귀한 아들 잃고 괴로워하는 오빠와 형수를 봐야 하는 동생 또한 마음이 안타깝다"며 하루빨리 마음을 추스르고 일상의 삶으로 돌아오기를 기원하고 있다. 아마도 자식을 먼저 보낸 가정에서만 겪게 되는 애끓는 아픔일 것이다. 손꼽아 기다리는 명절이지만 외롭고 서러운 마음에 금년 설 명절이 다가오는 것도 두렵기만 하다.

오는 18일이면 아이를 가슴에 묻은 지 2주기가 된다.

'사고 직후 응급처치만 제대로 했더라면…' 하는 군을 향한 원망으로 살아온 시간들.

가족에게 말 한마디 남기지 못한 채 저세상으로 떠난 것이 안타까워 슬픔과 비통함 속에서 보내는 나날들.

이제는 원망과 가슴 아파하기 보다는 국가와 민족을 위해 순직한 자랑스러운 아들도 기억하려 한다. 고귀한 아이의 죽음이 국가 발전의 원동력이 되고 남과 북이 하나가 되는 남북통일을 앞당기는데 초석이 될 것이기에 말이다.

  비록 자식을 가슴에 묻는 청천벽력의 일을 당했지만, 그동안 겪었던 많은 아픔과 슬픔을 떨쳐 버리려 한다.

  정해년 새해에는 힘차게 밝아오는 태양과 함께 희망찬 새 삶으로 거듭날 수 있기를 간절히 소망해 본다.

목욕탕의 슬픈 추억

 피곤하고 고단함이 밀려올 때면 자주 찾는 곳이 바로 목욕탕이다. 시골 목욕탕의 경우 시설은 열악하지만 그래도 수수한 농촌 냄새가 물씬 풍기기에 꿩 대신 닭이라 할 수 있다. 내가 사는 시골 목욕탕 또한 그리 넓지 않고 변변한 헬스 기구 하나 없지만 피곤한 몸을 푸는데 그만한 곳이 없다.

 얼마 전 그동안 코로나19로 가지 않던 동네 목욕탕을 실로 3년 만에 설레는 마음으로 다녀왔다. 젊은 아빠가 초등학교 5학년쯤 되는 아들에게 등을 밀어주며 정답게 이야기를 나누는 모습을 물끄러미 바라보며 감회에 젖기도 했다. 그리고 2004년 8월31일 하나밖에 없는 아들놈 군대 가기 전날 간 목욕탕에서 아들과 함께했던 기억이 불현듯 떠올랐다.

직장 바쁘다는 핑계로 아이와 얼굴을 마주 보며 아침밥을 함께 한 기억이 거의 없던 터였기에 서로 등을 밀어주며 모처럼 부자간의 정을 나누었던 그날을 떠올리려니 가슴이 먹먹해진다. "아빠, 군 생활 잘하고 올 테니까 너무 걱정하지 마세요. 그리고 군 생활 잘 마치고 더 어른스러운 모습으로 집에 올게요"라면서 아빠를 위로했던 때가 엊그제 같은데 야속하게도 벌써 19년의 세월이 흘렀다.

안전사고 등으로 군대 간 젊은이들이 희생되는 광경을 언론을 통해 목격하면서 드는 생각이 있었다. 우리 아이가 성장해 군대에 갈 나이가 되면 남북통일이 돼서 군대에 가지 않아도 될 것이라는 막연한 상상이었다. 그런 상상을 뒤로하고 아이는 다니던 대학을 휴학하고 강원도 철원 최전방 부대로 입대했다. 자대배치를 받은 지 4개월이 채 되기도 전인 2005년 1월18일 민통선 안에서 보초근무를 마치고 귀대하던 중 탑승했던 차량이 전복되면서 이 세상과 이별을 했다. 아버지와 아들의 인연 23년은 그렇게 끝이 나고 말았다. 흙에서 태어나 흙으로 돌아간다는 말과 같이 그해 3월 12일 계룡산 자락 아늑한 곳 대전국립현충원에서 영면에 들어갔다.

가족 구성원으로서의 '아버지'는 과연 어떤 존재일까?

흔히 부모님의 역할을 이야기할 때 어머니의 역할을 강조하는 경향이 있다. 하지만 절대 빈곤 시절인 1960~70년대에는 가정의 생계를 책임지는 게 아버지의 중요한 역할이 아니었을까 싶다. 직장에 충실 하려 노력하다 보면 아이들에게 세심한 관심을 갖기란 쉽지 않다. 맞벌이 부부가 많아지는 요즈음과는 경우가 다를 수 있지만, 아이들 케어는 주로 어머니의 몫이었던 시절이었다.

아무튼, 아이가 성장하고 나면 어렸을 때 좀 더 관심을 기울이지 못한 것에 대해 아쉬움과 미안함이 남을 수밖에 없는 게 대한민국 아빠들의 모습일 것이다.

문득 세상에 계시지 않은 아버지의 삶이 떠오른다.

하루라도 술을 마시지 않고는 하루를 버틸 수 없을 만큼 알코올에 의존했던 아버지. 어느 것 하나 마음먹은 대로 되지 않는 것에 대한 불만, 아무리 노력해도 삶이 나아질 거라는 희망을 갖지 못했던 분이 바로 우리 아버지였다. 가난했던 아버지 또한 내가 갖고 있는 똑같은 마음을 자식인 나에게 가졌을 것이라는 생각을 하니 나이 칠십을 바라보는 지금에서야 아버지의 지극한 자식 사랑의 마음을 깨닫게 된다. '부모는 산에 묻고 자식은 가슴에 묻는다'라는 말이 있다. 가족을 떠나보내는 슬픔은 별반 다르지 않지만, 유독 자식을 먼저 떠나보내는 부모의 마음은 한없이 아플 수밖에 없음을 비유적으로 표현한 말이다.

작가 박완서는 남편과 외아들을 연달아 잃고 하늘을 향해 이렇게 절규했다. '내가 이 나이까지 겪어본 울음에는 그 울음이 설사 일생의 반려(배우자)를 잃은 울음이라 할지라도 지내놓고 보면 고통을 견딜만하게 해주는 감미로운 진통제 같은 게 들어 있었다. 오직 참척慘慽의 고통에는 그런 감미로움이 전혀 섞여 있지 않았다'라고 했다. '구원의 가망이 없는 극형'이라면서 그야말로 억장이 무너지는 끔찍한 일이라고까지 표현했다.

고단하고 지친 육체 피로 해소를 위해 찾는 동네 목욕탕이지만 먼저 간 아들과 함께했던 슬픈 추억이 가슴을 아프게 하는 곳이기도 하다. 아이와 소소한 일상의 이야기를 다시는 나눌 수 없다는 현실이 나를 더욱더 슬프게 한다.

엄마 밥 줘!

엄마 밥 줘!

어린 시절. 밖에서 실컷 놀다가 집에 돌아와 대문을 열고 제일 먼저 어머니를 향해 하는 말.

노는데 정신이 팔려 배고픈 줄도 모르고 친구들과 어울려 마음껏 뛰어놀다 허기를 참지 못해 집에 돌아와 엄마에게 배고픔을 호소하는 말이 바로 "엄마 밥 줘"다.

실컷 뛰어놀다 허기에 찬 배고픔을 참지 못해 젖 먹던 힘을 다해 외치는 아이들의 본능적 언어 표현이다.

60~70년대만 해도 배고픔과 허기를 채우는 데는 오로지 '밥' 이외에는 없었던 시절이었다.

'쌀'도 궁한 시절이었기에 하루 밥 세 끼 먹는 것도 쉬운 일은 아니어서 '굶기를 밥 먹듯 한다'는 말이 생겨난 것도 당연하리라.

그나마 실컷 놀다 배고파 들어오는 아이에게 먹일 밥이 없다면 무너지는 엄마의 억장은 어떨까. 지금이야 생활이 여유로워지고 인스턴트식품이 많이 보급돼 아이들이 먹고 싶은 게 있으면 언제라도 먹을 수 있다.

이런 좋은 세상에 사는 우리 아이들이야말로 행복한 시대에 살고 있다고 밖에 할 수 없다.

며칠 전의 일이다.

아침에 일어났더니 아내가 부엌에서 열심히 요리를 만들고 있었다. 그리고 식탁 위에는 과자 몇 봉지가 가지런히 놓여 있는 게 아닌가.

궁금하기에 "오늘 무슨 날이냐"고 아내에게 물었다. 아내는 한참을 망설이다 말했다. 어젯밤 꿈에 지난 1월18일 저세상으로 떠난 아들놈이 나타나 "엄마 밥 줘"하면서 엄마 품에 안겨 한참을 끌어안고 있다가 잠에서 깨어났다는 것이었다.

아들은 군에 간 지 6개월도 채 되지 않아 운전병의 부주의로 차량이 전복돼 23살의 젊은 나이에 하늘나라로 갔다.

아내는 "나 어렸을 때는 '엄마 밥 줘'해도 넉넉지 못한 형편에 제대로 먹을 수 없던 시절이었지만 이제 내 자식에게는 얼마든지 밥은 충분히 먹을 수 있는데 이제 이 세상에 없으니…"하면서 울먹이는 목소리를 이어갔다.

비록 이 세상에 없는 놈이니 먹을 수는 없겠지만 평소 아이가 좋아했던 과자와 잡채 등을 준비해 아이가 편히 잠들어 있는 대전 국립현충원을 간다는 것이었다.

그 말을 듣는 순간 내 두 볼 가에는 소리 없는 눈물이 흐르고 있음을 느낄 수 있었다.

그날 아내는 혼자 대전국립현충원에 다녀왔다. 물론 이제 이 세상 사람이 아닌 아이가 먹을 리는 없지만, 자식을 그리워하는 어미의 지고지순한 마음이리라.

이제 영원히 '엄마 밥 줘'하고 말해 줄 수 있는 자식이 없어진 현실, 언제나 꿈속에서만 들어야 하는 안타까운 현실을 견디며 살아가야 하는 것이 너무 버거울 뿐이다.

하지만 아내는 또 꿈에서 아이를 만날 것이다. 그러면 엊그제와 변함없이 맛있는 것 많이 장만해 편한 마음으로 고이 잠들어 있는 대전 국립현충원으로 향할 것이다.

　최근에 연천의 총기 사건, 파주에서의 군부대 훈련 도중 장병들의 사망 사건을 접하면서 그 엄마들 또한 아내와 같은 심정으로 하루하루를 보내고 있으리라는 생각에 가슴이 미어진다.

　그들 또한 우리 가족이 겪는 아픔과 마찬가지로 큰 것을 잃어버린 허전한 마음으로, 그리고 언젠가는 돌아올 거라는 착각 속에서 일상을 살아갈 것이다.
　자식을 먼저 보낸 모든 엄마 아빠들은….

이 세상에서의 마지막 편지

　가족이 영어로 FAMILY잖아요. 하나씩 풀이하면 무슨 뜻인지 아세요?

　F-father, A-and, M-mother, I-I, L-love, Y-you 의 뜻이래요~ 호

　암튼 이제 적응도 잘하고 있고 힘든 훈련 이겨내면서 제 자신이 너무 뿌듯합니다. 가족들 생각하면 힘도 마니(많이) 나고… 보초 설 때도 제가 보초 서서 가족들이 다리 뻗고 잘 수 있다고 생각하면 추위도 견뎌낼 수 있습니다. 이런 제 힘의 원천인 가족들… 아프시지 마시고 건강하길 항상 바랄뿐입니다. (중략)

2004. 12. 29 정현이 올림

강원도 철원에서 군 복무 중 운전병의 부주의로 차량이 전복, 부상을 당해 저세상으로 가기 한 달 전前인 지난 2004년 12월 29일 우리 가족 앞으로 보낸 이승에서의 마지막 편지 중 일부다.

이등병의 고된 훈련 속에서도 본인의 고달픔보다는 가족의 건강을 먼저 걱정했던 아이. 눈에 넣어도 아프지 않을 만큼 소중하고 착하디착한 그런 아이가 사랑하는 가족 4명을 남겨 놓고 홀연히 떠난 지 이제 1주기.

너무나 가엾고 불쌍한 아이의 손때가 묻은 편지를 꺼내어 볼 때마다 복받치는 가슴을 억누를 길 없다. 사고 직후 헬기 후송 등의 선先 응급조치만 이루어졌던들 저세상 사람이 되지 않았을 거라는 생각에 이르면 당시 현장에 있던 이들이 너무나도 원망스럽다.

23년의 짧은 이 세상에서의 머무름이었지만 가족의 소중함을 스스로 느끼고 남은 가족에게는 많은 사랑을 주고 간 정 많았던 아이. 하지만 이제 그 무엇도 해줄 수 없다는 사실이 더욱더 가슴을 미어지게 할 뿐이다.

6개월여의 짧은 군 생활 동안 가족에게 보내온 주옥같은 편지들, 군대 가기 전 쓰던 휴대폰, 입대 당일까지 차고 있다. 엄마에게 맡긴 시계, 무척이나 아끼며 신주 위하듯 했던 사각모자 등. 남들은 빨리 잊어버리라고들 한다. 모든 걸 불태워 버리라고도 한다. 하지만 어떻게 잊을 수 있단 말인가, 어떻게 버릴 수 있단 말인가.

편지 구절구절마다에는 "가족의 소중함을 느끼고 바르고 착하게 살다 간 아이였구나" 하는 걸 느끼게 된다. 너무나 아픈 마음에 찢어버리고 싶기도 하지만 역시 그렇게는 할 수 없음을 깨닫게 된다.

아내는 지금도 아이가 사용했던 핸드폰(군 입대로 인해 일시정지 상태) 요금 3,800원을 매월 납부하고 있다. 아내에게 세상에 없는 놈 휴대폰인데 이제 해지시켜야 하는 것 아니냐고 하면 이렇게 대답한다.

"언젠가 군 생활 무사히 마치고 돌아 올 텐데." 해지시키면 아이한테 혼난다고 말하는 지어미의 심정이 오죽할까! 아마도 아내는 살아있는 동안 3,800원의 요금을 매월 납부할 것이다. 청구서에 있는 아이 이름 석 자 보면서 비록 없지만 마음으로라도 위로받으며 살아가리라!

남다른 자식 사랑으로 23년을 키워온 아이를 잃고 시름에 빠져 있는 아내를 대할 때마다 하루빨리 마음의 평안을 얻고 일상의 삶으로 돌아오기를 간절히 소망해 본다.

스스로 두고 간 그 시계는 아직도 가족들 옆에 소중하게 놓여 있다. 언젠가는 돌아와 다시 그 시계를 찰 거라는 착각 속에서 하루하루를 지내고 있다. 일본어 공부를 위해 읽었던 많은 일본 만화책들은 또 어찌해야 할지!?

집안에서도 모자를 쓰고 있어 야단도 많이 쳤는데 모자는 그대로 있건만 정작 아이는 이 세상에 없으니 참으로 가슴 아플 뿐이다.

며칠 전 일이다.

집 현관문을 여는 순간 아내가 엉엉 울고 있는 게 아닌가! 자초지종을 들어보니 어젯밤 꿈에 아이를 보았다는 것이다.

아이를 어디에선가 집으로 데려오려고 연락을 했더니 음주 상태라 차를 운전할 수 없다고 하는 바람에 집으로 데려올 수가 없었다면서 엉엉 우는 것이었다.

그 말을 듣는 순간 얼마나 아이에게 죄책감을 느꼈던지… 사실 직장 바쁘다는 핑계로 좀 더 자상한 아빠가 되어 주지 못한 게 사실이다. 그래서 군대 가기 전에 좀 더 잘해 주지 못한 게 천추의 한으로 남는지 모른다.

신성한 병역의 의무를 다하다 하늘나라로 간 아이!
그런 자랑스러운 아이를 기리기 위해 작년 6월 6일 현충일을 전후해 아이가 다녔던 경기대학교 일어일문학과에 비록 작은 금액이지만 국가로부터 받은 순직위로금을 생활이 어려운 학생들에게 지원해 달라고 장학금으로 내놓았다. 아이의 이름을 따서 '정현 장학금'으로 이름 지어 달라 했다. 장학금을 전달하는 자리에서 이태일 경기대 총장님께서 명예 졸업장을 수여하겠다는 이야기를 해 주셨다. 그리고 일어일문학과 강의동 앞에는 '정현수正賢樹'라는 이름을 붙인 주목을 한 그루 심어 주었다.

이제 아무것도 해줄 수 없는 게 가슴 아프기는 하지만 하늘에 있는 아이를 위한 뜻 있는 일을 했다는 생각으로 위안을 삼아본다. 이제 아이의 1주기를 맞으면서 이승에서 이루지 못한 수많은 꿈과 소망을 하늘나라에서 꼭 성취하기를 기도하면서 언젠가 천국에서 다시 만날 그날을 기약하고 싶다. 또한 이 세상의 모든 고통과 번민 없는 하늘나라에서 언제나 우리 가족의 삶을 보살펴 줄 거라고. 또한 우리와 같이 자식을 먼저 보낸 분들과의 만남을 통하여 서로의 아픔을 달랠 수 있는 작은 모임이라도 있었으면 하는 바람 또한 가져 본다. 이제 어둡고 긴 터널을 지나면서 절망과 좌절 속에 힘들게 버텨온 우리 가정의 지난 1년. 앞으로는 한줄기 소망의 빛이 환하게 비침으로 새로운 용기와 희망으로 살아갈 수 있게 되기를 간절히 소원하면서…

정현아 ! 사랑한다.

흰 꽃 선물

아내와 함께 집에서 가까운 꽃집을 찾았다.

좁은 가게 문을 들어서자 꽃집 주인인 젊은 부부는 반색하며, "어머나, 오래간만이시네요. 어떤 꽃으로 해드릴까요?"

아내는 주저하지 않고, "산소에 가요. 꽃바구니 하나 만들어 주세요"라고 말했다.

10분정도 기다려야 했다.

한 평 남짓 작은 꽃집 안은 여러 종류의 화려한 꽃들로 빼곡했고 꽃향기는 현기증마저 들게 했다.

이윽고 아내가 주문한 꽃바구니가 우리 앞에 모습을 드러냈다.

백장미, 백합, 그리고 새하얀 소국까지.

하얀 꽃들로 가득 찬 바구니를 보니 순간 콧등이 시큰거려 왔다.

"산소는 어디에요? 먼가요?"

꽃집 주인은 아무 생각 없이 묻는 듯 했다.

하지만 우리 부부는 순간 당황하지 않을 수 없었다.

나는 아내의 표정부터 살폈다.

꼭 다문 입술이 애써 참는 듯 하여 내가 말문을 열었다.

"2년 전에 군에서 아들을 잃었어요. 내일이 아들 생일이라 대전에 있는 국립현충원에 가는데 꽃이라도 들고 가려구요."

그러자 젊은 부부는 어쩔 줄 몰라 했다.

"죄송해요. 그런 사연이 있는 줄도 모르고… 부모님 산소에 가시는 줄 알았거든요."

꽃을 사러 가끔 들리는 곳이긴 하지만 가슴 아픈 가족 이야기를 어떻게 말 할 수 있으랴.

아들이 살아 있다면 이런 일조차 없었을 텐데…

아내와 나는 하얀 꽃바구니를 들고 아무 말 없이 조용히 꽃집을 나왔다.

요즈음 대부분의 젊은이들은 생일파티를 친구들과 밖에서 외식하는 경우가 많다. 70년대까지만 해도 생활이 어려워 밖에서 외식을 한다는 것은 상상하기 어려웠을 뿐 아니라 더욱이 생일 선물까지 준비하는 것은 쉬운 일이 아니었다.

그저 생일날 아침 어머니가 끓여주는 미역국을 감사해하며 가족과 나눠먹던 시절이었다.

불과 2년전 까지만 해도 아내와 딸이 함께 정성이 담긴 케이크 앞에서 앉아 생일축하 노래를 부르곤 했던 기억이 아련하게 떠오른다.

"Happy Birth day To you, 사랑하는 우리 아들, 생일 축하합니다."

촛불을 끄고 칠흑 같은 어둠 속에서 서로의 얼굴을 만지며 끈끈한 가족애를 나누었던 조촐한 생일 파티!

풍족한 생활은 아니었지만 아이가 옆에 있다는 것만으로도 세상의 어느 부자와 비교할 수 없을 만큼 행복했던 시간이었다.

이제 아들은 없다.

아들의 생일 축하도 할 수 없다.

따끈한 미역국도 먹일 수 없다.

아이가 세상을 떠난 2005년 1월 이후 모든 것이 사라져버렸다.

23년의 짧은 삶을 살다간 내 소중한 아이,

너무나 불쌍하고 가여워 견딜 수가 없다.

매년 7월이면 아들이 그립고 보고 싶어 가슴이 찢어지게 아프다.

잊어도 잊으려 해도 오히려 더 선명해지는 내 아이의 얼굴.

자식을 먼저 하늘나라로 보낸 모든 부모들이 평생을 겪어야 하는 아픔일 것이다.

다음날 아침 일찍, 우리 가족은 아들이 영면해 있는 대전 국립현충원을 다녀왔다.

눈물은 마르지도 않는가 보다.

묘비에 새겨진 아들의 이름이 너무도 또렷했다.

묘비 앞에 놓아 둔 하얀 꽃바구니가 서러워 보였다.

'아들아, 내 사랑하는 아들아.

네가 이 세상에 태어난 날은 축복이었고 기쁨이었다.

고맙다. 정말 고맙다.

기쁨과 행복을 선사해주어 고맙다.'

나는 스물세 살 멋진 청년, 사랑하는 아들을 떠올리며 그리움의 눈물을 마음껏 흘렸다.

그리고 약속했다.

세월이 흘러 강산이 바뀌어도

노환이 들어 기억이 가물거리고 눈이 멀어져도

스물세 살 나의 아들, 그 해맑은 얼굴의 착한 아이를 죽어서도 잊지 않을 거라고…

천국에서 우리 엄마를 추억합니다

"침묵은 금"이라는 말은 동서고금을 막론하고 침묵의 참다운 의미를 일깨워주는 말이지요!

무심코 뱉은 한마디가 상대방에게 씻을 수 없는 상처를 줄 수 있기에 '말은 신중하게 해야 한다'는 진리를 일깨워주는 교훈이 아닐까 싶습니다.

오늘 저는 하늘나라에서 평소에도 말 수가 적었고 어지간해서는 자기 표현을 하지 않으셨던 분 바로 저희 어머니에 대한 이야기를 하고자 합니다. 살아가면서 이런저런 대화를 나누다 보면 남의 흉을 볼만도 한데 저희 어머니는 그러지 않으셨습니다.

그리 넉넉하지 못한 살림에 일상이 힘들고 고단하여 세상사에 대한 푸념을 늘어놓을 수도 있으련만, 불평불만하시는 모습을 한 번도 본 기억이 없습니다.

넉넉하고 너그러운 성품은 하루 종일 말 한마디도 하지 않고 하루를 지내신 적이 있다던 외할머니의 성품을 그대로 물려받았다는 이야기를 아버지께 들은 적이 있습니다. 모든 어머니들이 다 그러하겠지만 자식인 저에 대한 사랑 또한 남달랐습니다.

초등학교에 입학하기 직전 저를 보살피기 위해 일부러 집에서 가까운 곳으로 직장을 옮기고 점심시간마다 집에 들러 흙에 뒤범벅이 된 옷과 얼굴을 말끔히 씻어주셨던 어머니에 대한 기억을 잊을 수가 없습니다.

때로는 무리하게 무엇인가를 사 달라고 떼를 쓰면 잔소리를 할 법도 하건만 어머니는 아무 말 없이 "알았어"라고 대답하시고 해결해 주신 분이기도 합니다. 고등학교 2학년 1학기를 마칠 무렵 우리 가족은 아버지의 유학길을 따라 일본에서 2년 6개월간 생활을 한 적이 있습니다.

유학 공부에 여념이 없어 가족들에게 신경을 써 주지 못하는 아버지를 대신하여 사춘기 시절의 외국생활이 힘들지 않도록 온갖 정성을 다해 보살펴 주시기도 했습니다.

언어가 통하지 않아 방황하는 저를 위해 어머니 스스로 일본어 학원에 등록 밤을 세워가며 일본어 공부에 열중하여 저의 학업에 지장이 없도록 해 주시기도 했습니다. 일본 음식이 맞지 않아 힘들어할 때도 직접 정성스럽게 김치를 담가 예쁜 도시락을 싸 주셨던 어머니의 따뜻한 정을 지금도 잊을 수가 없습니다.

대학교 1학년 때의 일입니다.

친구들과 어울려 머리에 염색을 하고 귀가한 적이 있었습니다. 아버지께서는 버럭 화를 내시면서 크게 야단을 치셨지만 옆에 계시던 어머니는 살며시 웃음을 지어보시며 저의 등을 어루만져 주신 속 깊은 분이셨습니다.

2004년 대한민국의 청년으로서 신성한 국방의 의무를 다하기 위해 군에 입대하던 날 유난히도 눈물을 많이 흘리셨던 어머니.

훈련소에 입소한 후 입대할 때 입던 사복을 집에서 받아보고는 며칠을 하염없이 눈물을 흘리셨다고 합니다.

그렇게 남다른 사랑으로 키워주셨건만 맛있는 음식 좋은 옷 한 벌 사드리지 못하고 저는 이렇게 하늘나라에서 어머니를 추억할 수 밖에 없습니다.

막 신병훈련을 마치고 부대 배치를 받아 군 복무에 충실하던 2004년 12월 30일 군 생활 무사히 마치면 어머님께 효도하겠노라는 마지막 편지를 끝으로 2005년 1월 18일 저는 영원히 어머니 곁을 떠나게 되었기 때문입니다.

삶의 지혜를 발휘하여 언제나 넉넉하고 화목한 가정을 이끌어주셨던 어머니는 추석이나 설 명절 그리고 저의 생일이 되면 어김없이 대전 국립현충원에 잠들어 있는 저를 찾아오십니다.

오실 때마다 빠뜨리지 않고 챙겨 오시는 것이 있습니다.

아침 일찍부터 정성스럽게 준비한 된장국을 행여 식을세라 보온병에 가득 담아가지고 오는 것이 바로 그것이지요.

이 세상 사람이 아니기에 먹을 리는 만무함에도 세상에 있는 자식처럼 정성을 다해 저를 챙겨주시고 계신 것이지요!

그런 어머니를 떠올리면 당장이라도 달려가 따뜻하고 아늑한 어머니 품에 안기고 싶은 마음 밖에 없습니다.

어머니가 저를 불쌍하게 생각하는 것 이상으로 하늘나라에 있는 저는 오히려 어머니가 가여워 견딜 수가 없습니다.

멋지고 대견한 아들로 곁에서 행복하게 사는 모습을 보여드리지 못하고, 어머니를 슬프게만 한 불효자라는 생각에 더더욱 가슴이 아파만 옵니다.

앞으로 어머니의 인생은 이런 삶이었으면 좋겠습니다.

하나 밖에 없는 아들 저 세상으로 갔다고 가슴 아파하지 마시고 국가와 민족을 위해 자랑스럽게 살다 간 아들이라 생각하시고 외로워하거나 슬퍼하는 삶이 아니시기를 간절히 바랄뿐입니다. 엄마 사랑합니다!

　　　　　　천국에서 아들 정현이가

함께 찍지 못한 가족사진

얼마 전 일본 큐슈지역인 유후인과 구마모토성城을 다녀왔다.
유후인은 중앙정부의 일방적 댐 건설 계획에 반대, 주민 참여 방식의 관광지 개발에 성공한 일본의 대표적 온천 관광지다. 우리나라에서도 벤치마킹을 위해 지방자치단체에서 자주 찾는 곳이기도 하다. 계절에 관계 없이 차분하고 조용한 분위기는 일본 특유의 절제된 삶의 미학을 느끼기에 충분한 곳이다.
나고야城 오사카城과 함께 일본의 3대 명성名城으로 일컬어지는 구마모토성城 또한 한 번쯤 가 볼만한 곳이다. 임진왜란을 일으킨 도요토미히데요시[豊臣秀吉]의 전쟁 경험을 바탕으로 축성되었고 당시 납치한 우리 국민들이 동원되어 성을 쌓는데 기여했다는 가이드의 설명에 마음이 편치 않았다.

"가족사진 찍어 드릴까요?"

마침 부모님과 함께 가족여행을 온 아들에게 말을 건넸다. 그러자 20대 후반쯤으로 보이는 아들이 "그러고 보니 엄마, 아빠와 함께 찍은 사진이 없는 것 같네! 잘 찍어 주세요"라고 대답했다. 순간 19년 년 군에 입대한 아들이 '가족사진'을 보내달라고 했던 기억이 떠올랐다. 자식이 군대 갈 때에 가족사진을 챙겨주는 경우가 많은데 우리 부부는 미처 그리하지 못했다.

부랴부랴 가족사진을 찾아보니 변변하게 찍어놓은 사진이 없었다. 하는 수 없이 급하게 사진관에서 찍어 보내야 했던 아픈 기억이 있다. 고된 훈련이지만 두고 온 가족을 그리워했을 아이 마음을 헤아려보면서 군대 갈 때 챙겨주지 못한 아쉬움과 가족사진을 보며 고단함을 달래보려고 했을 아이를 생각하니 안쓰럽기까지 하다. 물론 아이는 지금 이 세상에 없다.

카메라도 흔치 않던 7~80년대까지만 해도 '가족사진'은 형제자매의 결혼이나 할머니·할아버지 회갑 잔치 등 특별한 일이 있을 때에만 사진사가 집을 방문해 찍을 수밖에 없던 시절이었다. 지금처럼 언제든지 마음대로 쉽게 찍을 수 있는 걸 보면 격세지감을 느끼지 않을 수 없다.

집 안 대청마루 가장 보기 좋은 곳에 대대손손 찍어놓은 사진을 걸어놓곤 했다. 춥고 배고픈 시절 고달픈 삶 가운데에서도 가족을 생각하며 힘과 용기를 얻는데 '가족사진'은 큰 버팀목이 아닐 수 없다.

'가족사진'의 사전적 의미는 한 가족이 모여서 함께 찍은 사진을 의미한다. 장소적으로는 사진관 또는 어디에서든지 다른 사람에게 카메라를 맡기고 찍는 사진을 말한다.

떨어져 살거나 영원한 이별을 할 경우 지난 추억을 회상하고 힘든 일을 극복하고 살아가는 데에 무척 소중한 것으로 설명되기도 한다. 그러기에 군대 가는 자식에게 가족사진 한 장 챙겨주지 못한 아쉬움은 더욱 더 안타까움으로 남아있다.

언제부터인가 어릴 때 사진 한 장을 작은 지갑 속에 지니고 다닌다.

생각이 혼란스러워지고 일이 잘 안 풀리고 고달플 때면 수첩 속 사진을 꺼내보는 것 또한 일상이 되어버렸다.

그러면 살머시 웃으며 '아빠 아무 걱정 마세요'라고 대답한다. 누구도 이해하지 못할 아들과 아빠의 천상과 지상에서의 대화인 것이다.

비록 세상에는 없지만 '가족사진'과 함께 영원한 가족구성원으로 남아 있을 것이다.

6월은 호국 보훈의 달이다.

나라를 위해 목숨을 바친 국군 장병과 순국선열을 기리는 현충일은 6월 6일로 1970년부터 순국선열과 호국영령을 추모하는 국가기념 법정 공휴일로 정하고 있다.

신성한 병역의 의무를 다하기 위해 군에 입대 후 순직한 부모의 입장에서는 공휴일로 지정 추모하는 것도 중요하지만 보훈 가족들에 대한 아픈 상처를 보듬어 줄 수 있는 정신적 치유 프로그램 운영도 필요하다는 생각을 문득 해 본다.

함께하는 고마움으로

아들아 고마워!

볼 수도 만질 수도 목소리도 들을 수가 없습니다. 당장이라도 가족 앞에 살며시 웃으며 나타날 것만 같은 착각 속에 우리 가족은 살아가고 있습니다. 고스란히 남아 있는 아이 유품을 하루빨리 없애라는 이야기를 수없이 듣지만, 아내와 저는 그럴 수 없었습니다. 오히려 특별한 날에는 운동화 한 켤레 사서 아이 방에 놓곤 하지요. 때로 잊어버리기 위해 이사를 하자고 하면 아이 영혼이 집에 찾아 올 수 없다고 하는 아내의 애절한 심정을 그 무엇으로 치유할 수 있을까요? 고단함이 밀려올 때면 아이가 영면해 있는 국립현충원을 찾곤 합니다. 훌쩍 지나가 버린 20년을 추억해 봅니다.

국가에서 나온 순직 위로금 전부를 정현이가 다니던 모교에 장학금으로 내놓았습니다. 학교로부터 명예졸업장도 받았습니다. 학우들이 거닐던 일어일문학과 강의동 앞에는 '정현樹'라는 이름이 붙여진 추모비와 작은 주목도 심어 주었습니다. 아이를 그리워하며 글을 쓰기 시작해서 신인문학상 수상을 통해 수필가로서 활동하고 있습니다. 지금도 이승에서 하지 못한 이야기들을 천상과 지상을 오가며 글을 통해 재회하고 있습니다. 정현이가 근무했던 강원도 철원 군부대 정문 입구 한편에는 추모비가 아담하게 자리 잡고 있지요. 또한 여러 가지 이유로 받지 못했던 영세를 신부님의 배려로 '대건 안드레아'라는 세례명을 얻어 화세를 받았습니다. 아무쪼록 군대에서 각종 안전사고로 인해 더 이상 꽃다운 젊은이가 희생되는 일이 발생하지 않기를 간절히 소망합니다.

어둡고 긴 터널을 지나면서 절망과 좌절 속에서 힘들게 버텨온 우리 가족의 지난 시간. 앞으로 한 줄기 소망의 빛이 환하게 비춰져 새로운 용기와 희망으로 살아갈 수 있기를 간절히 소망합니다.

아버지와 아들, 그리고 그리움

"아버지 걱정 마세요. 제대해 집에 와 아빠를 뵐 때는 좀 더 성숙한 아들이 되어 돌아올께요"

군대 가기 하루 전날 머리를 깎고, 동네 목욕탕에서 서로 등을 밀어주며 나누었던 이야기가 아버지와 아들 간에 나눈 마지막 대화가 되어 버렸다. 식물인간이라도 곁에 있어 주기를 바라는 아버지의 심정을 하늘에 있는 정현이는 알고 있을까?

나에게도 자신을 낳아 길러 준 아버지가 있다. 가난이라는 굴레를 벗지 못한 걸 세상 탓으로 돌리고 평생을 술에 의존한 삶이었음을 아들은 잘 안다. 그렇지만 착하고 선한 마음으로 살아온 아버지의 삶이었다. 아버지 또한 재산은 물려주지 못했지만, 심성 착하게 사는 모습을 몸소 실천한 삶이었기에 자식을 낳아 아버지로 살면서 아버지의 삶에 경외심을 갖는다.

낳아 준 아버지가 있고, 아들 또한 결혼해 아들을 낳아 아버지로 살아간다. 아들 또한 살아있다면 낳아 준 아버지를 추억하며, 또 자식을 낳으면 아버지로서 아들을 추억할 것이다. 이런 상황이 계속 반복되는 것이 세상 이치다. 하지만 정현이는 이제 이 세상에 없다.

17세기 후반에서 18세기 후반까지 살았던 영국의 계관 시인 윌리엄 워즈워즈는 「무지개」라는 시에서 '아이는 어른의 아버지'라고 노래했다.

    하늘의 무지개 바라보면
    내 마음은 뛰노라

    나 어려서 그러하였고
    어른이 된 지금도 그러하거늘
    나 늙어서도 그러할지어다
    아니면 이제라도 나의 목숨 거둬 가소서

    어린이는 어른의 아버지

원하노니

내 생애의 하루하루가

소박한 경건의 마음으로 이어지기를

그렇다.

아이는 어른의 아버지다.

그러기에 아버지와 아들은 늘 그리움과 추억의 대상이다.

지금 이 세상에 없기에 더욱 더 그리워지는 걸 어찌하랴!

'정현아 미안해!' 보다 '정현아 고마워!'

'사람은 죽어서 이름을 남기고 짐승은 죽어서 가죽을 남긴다' 라는 말이 있다. 만물의 영장인 인간이기에 살아있는 동안 사회에 기여 하며 살아야 한다는 의미도 내포되어 있다.

우리 부부는 아이를 저세상으로 보내고 글을 통하여 천상의 아이와 대화를 나누고 있다. 글을 통해 만나는 시간만큼은 슬픔과 고통을 참고 견디는데 큰 힘이 되었다. 글 쓰는 작업을 통해 아이로부터 위안을 받으며 그래도 살아야 한다는 희망을 갖게 되는 것에 감사할 따름이다.

특별히 당시 글쓰기를 권유해 주셨고, 계간 한국작가를 통해 등단할 수 있도록 도와주신 김건중 당시 한국문인협회 부이사장님(현재 한국작가 회장) 생각이 문득 난다. 산 사람은 살아야 한다는 천금 같은 위로의 말씀은 지금도 잊을 수 없다.

그러던 중 아이 10주기를 맞이하면서 어떤 방법의 추모가 좋을지 고민하던 끝에 졸작이지만 그동안 써 두었던 글을 모아 한 권의 책으로 엮는 이른바 추모 출판을 하는 것으로 방향을 정했다.

'책으로 엮어질 정도의 분량이 될 수 있을까'하는 근심 반 걱정 반이었지만 그동안 신문 기고 등을 통해 게재되었던 글을 모으고 보니 꽤나 많은 분량이 되는 것에 짐짓 놀랐다. 원고를 모아 한데로 묶는 작업과 동시에 몇 개의 유형으로 나누는 작업도 병행했다.

군부대 영결식 당시 부대장과 부대원들의 추모사를 제일 먼저 넣고, 23년 6개월의 짧은 아이의 삶을 기록하기로 했다. 다음은 아이를 그리워하는 부부의 마음을 전하는 것과 세상 살아가면서 느끼는 일상의 고단한 삶의 애환을 담기로 했다. 마지막으로, 국립대전 현충원 사이버 추모관을 통해 아이를 그리워하는 마음을 기록한 엄마의 글들을 넣기로 했다.

책을 출판한다는 것이 생각처럼 쉬운 일이 아님은 경험해 본 이들은 알 것이다.

교정만 보는 것도 족히 20차례 이상 하지 않았나 싶다. 국문학과 출신 지인을 통해 복사본을 주고 교정을 부탁하는 등의 세심함도 발휘했다. 책의 시작 부분에 들어가는 축사 또는 추천사를 받는 일도 만만한 일이 아니었다. 10주기 추모 출판이니만큼 걸맞는 귀한 글을 받고 싶었지만 누구에게 부탁할 것인가를 정하는 일도 쉬운 일은 아니었다. 부탁한다고 해도 모두 쾌히 승낙해 준다는 보장도 없다.

우선 떠오르는 분이 아이가 다녔던 모교의 당시 이태일 총장님과, 아이 떠나고 천상의 아이와 대화를 위한 글쓰기를 시작할 때 지도해 주신 당시 한국문인협회 김건중 부이사장님이 떠올랐다. 또 평소 글솜씨가 뛰어나신 고향 선배 경기관광공사 홍승표 사장께도 부탁하기로 했다. 추모사와 격려사를 써 주신 분들 덕분에 한 권의 책을 상재 할 수 있었음은 두말할 나위가 없다.

자료 모으는 작업과 오탈자 및 기타 교정 작업 등을 포함하여 출판사 결정 및 표지 그림 결정 등을 위해 출판사를 분주하게 뛰어다닌 것 등을 포함하면 8개월여는 족히 걸리지 않았나 싶다.

마지막으로 가장 중요한 책의 제목을 정하는 일이었다.
국가와 민족을 위해 순직한 아이 10주기를 추모하고, 아이의 넋을 기리는 작업이었기에 더더욱 제목에 신경이 쓰이는 것은 당연한 일이다. 2006년 처녀 출판 당시의 제목인 『이 세상에서의 마지막 편지』로 하는 것도 생각해 보았다. 다음으로 떠오른 제목이 『정현아 미안해!』
지금도 마찬가지지만 우리 부부가 가지는 천추의 한은 아이를 지켜주지 못한 것에 대한 미안함이다.
'미안함'이 갖는 의미가 일상적일 수도 있지만 우리에게는 평생 잊을 수도, 지울 수도 없는 아픔으로 다가올 수밖에 없는 단어다.
연천군 재직 당시 인연이 되었던 모 방송국 출신 유명 작가에게 〈정현아 미안해!〉라는 제목에 대해 의견을 묻자 이렇게 말했다.
아이를 지켜주지 못한 미안한 마음을 이해는 하지만, 오히려 "22년 6개월이라는 시간을 자식으로 함께 해 줘서 고맙다는 마음을 가져보는 것은 어떨까요?"라면서 〈정현아 미안해!〉보다는 〈정현아 고마워!〉로 바꿀 것을 조언해 주었다. 가족으로서 함께 한 시간을 오히려 감사하는 마음으로 승화시킬 때 천상의 아이가 '더 고맙고 즐거워할 것'이라는 이유였다.

그리고 2016년 1월 18일.

『정현아 고마워!』라는 제하의 책이 출간되어 10주기를 추모하는 출간 기념회를 아이 모교에서 열 수 있었다.

가끔 네이버 창에 '정현아 고마워!'를 검색해, 저자와 책의 내용, 출판사 서평 등을 볼 때면 가슴이 울컥해질 때가 있다.

남편 잃고 얼마 되지 않아 25년 5개월을 살다 간 아들을 그리워하며 쓴 글 소설가 박완서의 '한 말씀만 하소서'에서 참척慘慽의 고통을 이렇게 묘사했다.

"내가 이 나이에 겪어본 울음에는 그 울음이 설사 일생의 반려를 잃은 울음이라 할지라도, 지내놓고 보면 약간이나마 감미로움이 섞여 있기 마련이었다. 아무리 미량이라 해도 그 감미로움에는 고통을 견딜만하게 해주는 진통제 같은 게 들어있었다.

오직 참척의 고통에만 전혀 감미로움이 섞여 있지 않았다. 구원의 가망이 없는 극형이었다. 끔찍한 일이었다."

오죽했으면 그렇게까지 표현했을까?
그 심정 충분히 이해한다.
그 끔찍한 일을 당해 본 당사자이니까…

아이가 몇이지?

며칠 전 일이다. 고교 졸업 후 한 번도 만난 적이 없는 친구가 모 은행 수원지점장으로 발령을 받았다고 하면서 직장으로 찾아왔다.

또 다른 동창으로부터 내가 경기도청에 근무하고 있다는 이야기를 들었다고 한다. 솔직히 30여년 만에 만나는 친구인지라 학교 다닐 때 모습이 전혀 없어 처음에는 곧바로 얼굴을 알아볼 수가 없었다.

그 친구 학교 다닐 때는 무척 장난이 심했던 것으로 기억하고 있던 것과는 달리 의젓하고 점잖아 역시 은행지점장다운 풍모를 느끼기에 충분했다.

안경 너머로 비치는 눈가의 주름살을 바라보면서 "나 또한 그런 모습이겠지"라는 생각과 함께 세월의 무상함에 대해 떠올려 보는 시간이기도 했다. 한때는 나도 풋사과처럼 싱싱함과 푸르름으로 가득 찼던 젊은 시절이 있었는데… 그 지난 시간에 대한 그리움과 미련 등이 주마등처럼 떠올랐다.

그 친구 말이 요즈음은 은행지점장 하기도 그리 쉽지 않다고 했다.

옛날에는 예금을 많이 유치하는 게 최고였지만, 지금은 여신보다는 수신업무를 잘해야 유능한 지점장이 되는 시절이라면서 가벼운 신세타령을 하기도 했다.

우리는 그동안 어떻게 지냈는지, 사는 곳은 어디인지 등 서로 정다운 이야기를 나누면서 모처럼 학창 시절로 되돌아갈 수 있는 뜻깊은 시간이었다. 어쨌거나 오랜만에 친구를 만나면 누구나 이런저런 시시콜콜한 이야기에서부터 그동안 궁금했던 것들을 서로 묻게 된다.

그중에서도 빠지지 않는 것 중의 하나가 "아이가 몇이야"라는 질문이다. 그만큼 각자의 삶 가운데 아이의 존재 자체가 삶의 전부라고 해도 과언은 아닐 것 같다. 이 친구 또한 예외는 아니었다.

이런저런 이야기 하다가 "아들놈만 둘인데 모두 군대에 가 있다"면서 "아이가 몇이냐?"라고 묻는 것 아닌가!

한참을 망설였다.

"딸 하나밖에 없다고 대답할까, 아니야, 둘이라고 이야기할까." 하지만 나로서는 하나라고 이야기 할 수 없었다.

사실은 둘이었는데 작년 1월 군에서 차량 전복 사고를 당해 하나밖에 없는 아들놈을 잃어버렸다고 솔직하게 이야기를 해버릴 수밖에 없었다.

그날 저녁 집에 돌아와 아내에게 자초지종과 함께 어떻게 대답해야 할 지 난감했던 순간을 이야기하자, 아내는 대뜸 "아들 하나, 딸 하나"라고 당당하게 이야기해야지 망설일 필요가 뭐가 있느냐며 정색하는 게 아닌가.

아내는 어느 누가 물을지라도 당당하게 아들 하나 딸 하나 있다고 대답한다는 말을 덧붙였다.

그 말을 듣는 순간 세상에 없는 아이라고 망설였던 나 자신이 아내에게 부끄럽고 미안한 마음으로 다가왔다.

적어도 우리 부부에게 있어서 아이는, 죽은 것이 아니라 가슴 속에 살아 숨 쉬며 늘 우리와 함께하고 있기 때문이다.

아이가 생각할 때 우리 부부가 저를 잊고 있다고 생각하면 얼마나 서운할까.

그리고 그런 나약한 아빠의 모습을 보고 가슴 아파할 아이를 생각하니 가슴이 미어진다.

이제 "아이가 몇이냐?"라고 누가 묻는다면 당당하게 둘이라고 말할 수 있는 자신감과 마음의 평온함을 지니고 싶다.

비록 하늘나라에 있지만 기쁠 때나 슬플 때나 지치고 힘들 때 그 언제라도 가족 곁에서 우리 가정의 삶을 지켜볼 소중한 아이가 있다는 걸 기억하고 싶다.

오는 31일이면 24개월의 군 생활 끝내고 제대를 할 시점이다. 아이는 입대하면서 군 생활 무사히 마치고 2006년도 2학기 대학교 등록을 하겠노라고 다짐하고 떠났다. 그 약속은 영원히 '지킬 수 없는 약속'이 되고 말았지만 아내는 지금도 2006년 8월 31일이 다가오기를 학수고대하고 있다.

아이가 돌아올 수 없다는 걸 알고 있기에 그런 아내의 모습을 지켜보는 내 처지가 참으로 안타까울 뿐이다. 그러나 내 마음도 아내의 마음과 같음을 어찌하랴.

부모는 땅에 묻고[天崩],
자식은 가슴에 묻는다[慘慽]

우리 속담에 "부모는 땅에 묻고 자식은 가슴에 묻는다"는 말이 있다. 사람은 태어나 나이를 먹고 수수壽를 다하면 세상을 떠나는 것은 당연한 이치지만, 자식을 먼저 저 세상으로 보낸다는 것이 얼마나 가슴 아픈 일인가를 표현하는 말이다.

부모님이 돌아가셨을 때를 천붕天崩, 하늘이 무너져 내리는 슬픔이라 하고, 자식이 먼저 세상을 뜨면 그것을 참척慘慽이라 한다. 참慘은 혹독하고 참혹하다, 척慽은 근심하다, 슬퍼하다는 한자식 표현이다.

아이를 떠나보낸 지 2년!

돌아서서 눈물을 흘릴지언정 사람들 앞에서는 밝은 모습으로 살려고 무던히 노력했던 시간이었다.

돌이켜 보면 우리 가족의 일상은 많은 변화를 겪으면서 살아가고 있다. 그간의 이런저런 일들이 아련히 떠오르기도 한다.

첫째로, 집을 옮긴 것이 큰 변화라고 할 수 있다. 주인 잃은 황량한 텅 빈 방에서 아이의 체취를 느낄 때면 가슴이 미어져 오는 것을 어찌할 수 없었다.

그래서 "이사를 하게 되면 아이 영혼이 집을 찾아올 수 없다"는 아내의 반대를 무릅쓰고 우리 가족은 직장에서 가까운 곳으로 이사를 했다.

또 하나 수필가로서 글을 쓰게 된 일이다. 솔직히 하루라도 아이를 떠올리지 않는 날은 없다. 순간순간 사무치게 그리운 마음을 주체할 수 없을 때면 금방이라도 숨이 멎을 것만 같을 때도 있다.

그럴 때마다 마음 가는 대로 글을 쓰기 시작했다. 비록 만날 수는 없으나 글쓰기를 통해 못다한 말들을 글로써 표현할 수 있다는 것이 얼마나 다행인지 모른다.

그리고 지난해 5월 4일.

소설가 김건중씨가 발행인으로 있는 계간 한국작가를 통해

'이 세상에서의 마지막 편지'라는 제목으로 응모, 〈수필부문 신인상〉을 수상하는 영광을 안았다. 이제 글을 통하여 아이와 좀 더 가까워질 수 있는 작은 출발을 했다. 세상에 없는 놈이기에 그 무엇도 해 줄 수 없지만 글을 매개로 천국과 지상에서 부자간의 영원한 대화가 시작된 것이 그저 행복할 따름이다.

피하거나 멀리하고 싶은 것들도 있다.

먼저 텔레비전을 시청하다가 군 관련 소식이 방영될 때면 나도 몰래 채널을 다른 곳으로 돌리게 된다. 군복 입은 모습만 봐도 아이 생각이 나 견딜 수 없기 때문이다. 솔직히 아이와 관련된 일이라면 모두 잊어버리고 싶을 때도 있다.

또한 장손으로 집안 제례를 도맡아야 하지만 아이가 세상을 떠난 후 추석과 설 명절에 제례를 올리지 않는다.

동생들은 "천금 같은 귀한 아들 잃고 괴로워하는 오빠와 형수를 봐야 하는 동생들 마음 또한 안타깝다"라며 하루빨리 마음을 추스르고 일상의 삶으로 돌아오기를 바라고 있다. 자식을 먼저 보낸 가정에서만 겪게 되는 절절한 아픔이다.

손꼽아 기다리는 명절이지만 외롭고 서러운 마음에 금년 설 명절이 다가오는 것도 두렵기만 하다.

오는 18일이면 아이를 가슴에 묻은 지 2주기가 된다.

"사고 직후 응급처치만 제대로 했었더라면…" 하는 군을 향한 원망으로 살아온 시간들. 가족에게 말 한마디 남기지 못한 채 저 세상으로 떠난 것이 안타까워 슬픔과 비통함 속에서 보내는 나날들.

이제 원망과 가슴 아파하기보다는 국가와 민족을 위해 자식을 나라에 바쳤다는 것을 자랑스럽게 생각할 것이다. 고귀한 아이의 죽음이 국가 발전의 원동력이 되고 남과 북이 하나 되는 남북통일을 앞당기는 데 초석이 될 것이기에 말이다.

비록 자식을 가슴에 묻는 엄청난 일을 당했지만 그동안 겪었던 많은 아픔과 슬픔 모두 떨쳐 버리련다. 그리고 정해년 새해에는 힘차게 밝아오는 태양과 함께 희망찬 새 삶으로 거듭나기를 간절히 소망해 본다.

추모비 제막식을 마치면서

아이가 사랑하는 가족의 품을 떠난 지 3년의 시간.

문득 아이가 세상을 떠나던 2005년 1월 18일의 긴박했던 상황이 머리를 스쳐간다.

사고 소식을 접하고 수원에서 철원까지 가는 4시간이 왜 그리 길던지…

'설마' 하는 마음으로 병원에 도착해 보니 아이는 이미 세상 사람이 아니었다.

마지막 숨이 끊어지기까지 '얼마나 가족들이 보고 싶었을까' 하는 생각을 하면 지금도 숨이 멎을 지경이다.

아이 생각에 힘들어하는 우리 가족에게 주변으로부터 듣는 위로와 격려의 대부분은 이런 것이다.

정현이는 슬픔과 걱정 없는 천국에서 하느님의 보살핌 속에 우리보다 더 행복한 삶을 살고 있을테니, 이제는 훌훌 털어버리고 아이를 놓아주어야 한다고 말이다. 상념과 실의에 빠지기보다는 당당한 아빠의 모습으로 살아가기를 아이도 바랄 것이라는 말도 빠지지 않는다.

아이 없이 보낸 지난 3년.
2005년 6월 현충일을 전후에 아이가 다니던 모교를 찾아 순직위로금 등을 모아 장학금을 전달할 수 있었다. 장학금을 받은 후배들이 가끔 우리 가족에게 안부를 묻곤 할 때 다시금 간절하게 아이가 그리워진다.
그리고 2006년 12월 24일 성탄절, 평소 카톨릭에 귀의코자 했던 아이의 뜻을 기리고자 가까운 성당에서 영세와 견진 성사를 받았다. 앞으로 성모마리아님과 하느님을 섬기는 삶을 통하여 천상의 아이와 함께 영원히 동행하는 삶을 살아가리라!
2007년 2월에는 아이가 다니던 모교에서 총장님의 배려로 아들을 대신해 명예졸업장을 받았다. 모두 가족의 축하를 받으면서 졸업장을 받는데 왜 정현이는 사랑하는 가족과 함께하지 못해야만 했는지…

하지만 아이를 그리워하는 마음을 글로 옮겨, 수필 부분 신인상 수상과 함께 등단도 했다. 『이 세상에서의 마지막 편지』라는 제목을 붙여 책으로 엮기도 했다.

이 책을 통하여 자식을 먼저 보낸 부모님들에게는 아이의 소중함을, 아이들에게는 부모님에 대한 한없는 자식 사랑을 깨닫는 계기가 되기를 간절히 바라는 마음에서다.

그리고 12월 15일에는 23년의 짧은 삶을 살다 간 아이의 숭고한 희생정신을 기리고자 사단장을 비롯한 동료 부대원들이 마련한 뜻 깊은 추모비 제막식도 있었다.

4개월의 짧은 군 생활이지만, 아이의 땀과 채취가 묻어있는 부대 연병장 앞에서 뜻깊은 행사를 준비해 준 부대 관계자 여러분께도 감사한 마음이다.

> 2005년 1월 18일 강산지 초소 경계근무를 마치고 복귀 중 불의의 사고로 꽃다운 나이로 산화한 제2대대 7중대 고 일병 김정현 전우의 넋을 기리기 위해 제7연대 전 장병의 뜻을 모아 이 비를 세우니 고이 잠드소서.
>
> 2007년 12월 15일 제 7보병연대장병 일동

봄이 되면 추모공원으로 재단장과 함께 매년 추모행사를 개최하겠다는 부대 관계자의 말에 위안을 삼는다.

앞으로 아이의 영혼결혼식을 해주고 싶다. 태어나는 것이 제1의 탄생이라 한다면, 결혼은 제2의 탄생이라고 할 만큼 삶에 있어서 결혼이 갖는 의미는 무엇보다도 중요하다. 그러기에 영혼결혼식을 통하여 꽃다운 나이에 저세상으로 간 아이의 영혼이라도 달래주고 싶다.

솔직히 사고 직후의 응급조치 미흡 등을 생각하면서 군대에 대한 원망과 미움이 아직도 남아있다. 당시 현장에 있던 사람들이 좀 더 시의적절하게 대처하지 못해 아이가 저세상으로 갔다는 생각에 이르면 더욱더 견디기 힘들어지곤 했다.

하지만 이제는 사고 현장에 있던 모든 이들도 최선을 다했을 것이라고 믿고 싶다.

국가와 군에 대한 몇 가지 바람 또한 가져본다. 꽃다운 나이에 조국을 위해 산화한 젊은 영혼들이 군에 대해 무엇을 원하고 있는지를 통찰하는 기회가 되었으면 한다.

복무기간 단축도 물론 중요하지만 군과 민의 유기적인 응급의료체계의 유지, 위급환자 발생 시 다소 위험이 따르더라도 현장에서의 즉시 헬기 후송 조치 등, 생명의 존귀함을 먼저 실천하는 군이 되었으면 한다.

　그것만이 제2, 제3의 정현이와 같은 안타까운 일이 일어나지 않게 하기 위한 첩경일 것이다. 또한 군에서 국가를 위해 순직한 경우 나라의 영웅으로 받들고 죽음의 가치를 높이 평가하는 선진국의 예를 눈여겨보았으면 한다. 보훈 가족을 보살피는 보훈처에서도 자식 잃고 하루하루를 버겁게 살아가는 유가족의 삶을 보듬어 줄 수 있는 진정한 보훈 정책이 마련되기를 소망해 본다.

다시는 자식과 영영 이별하는 일이 없기를

아이가 사랑하는 가족의 품을 떠난 지 20년의 기간.

문득 아이가 세상을 떠나던 2005년 1월 18일의 긴박했던 상황이 머리를 스친다. 사고 소식을 접하고 수원에서 철원까지 가는 4시간이 왜 그리 길던지.

설마 하는 마음으로 병원에 도착해 보니 아이는 이미 세상 사람이 아니었다. 마지막 숨을 멎기까지 얼마나 가족들이 보고 싶었을까 하는 생각을 하면 지금도 숨이 멎을 지경이다.

도로가 결빙되어 늦게 도착하는 바람에, 마지막 목소리도 듣지 못한 채 싸늘한 주검만을 목격해야 했던 게 못내 한으로 가족들 마음에 남아있다.

아이 생각에 힘들어하는 우리 가족에게 주변으로부터 이런

위로와 격려의 말을 자주 듣는다.

  슬픔과 걱정 없는 천국에서 하느님의 보살핌 속에 행복하게 살고 있을테니, 이제는 가슴의 한을 훌훌 털어버리고 아이를 놓아주어야 한다고 말이다. 상념과 실의에 빠지기보다는 당당한 아빠의 모습으로 살아가기를 아이도 바랄 것이라는 말도 빠지지 않는다.

  하지만 솔직히 그렇게 할 수는 없다. 아픈 과거의 일로 잊고 살아가려 노력도 해 보지만, 역시 한시라도 아이를 잊고 살아갈 수 없음을 이내 깨닫게 된다.

  아이 없이 보낸 지난 20년.

  2005년 현충일을 전후에 아이가 다니던 모교를 찾아 순직위로금을 모아 아이 이름을 딴 정현 장학금을 전달하는 의미 있는 일도 했다. 지금도 장학금을 받은 후배들이 우리 가족에게 가끔 편지와 전화 연락을 하곤 한다. 그저 고마울 따름이다. 2008년 2월 22일 아이가 다니던 모교 졸업식에서 총장님의 배려로 명예 졸업장을 받으러 갔던 기억도 다시금 떠오른다.

  모두들 자랑스럽게 가족의 축하를 받으면서 졸업장을 받는데 왜 정현이는 사랑하는 가족과 함께하지 못하고 먼 곳으로 떠나야만 했는지 그저 가슴이 미어진다. 하지만 아이를 그리워하는 마음을 글로 표현하는 작품 활동을 통해 계간 한국작가가 주관하는 수필부분 신인상을 수상, 문단에 등단할 수 있게 해 준 아이에게 고마울 따름이다.

또 하나, 아이를 추모하기 위해 틈틈이 써 왔던 글과 주위 사람들의 위로와 격려의 글을 모아 '이 세상에서의 마지막 편지'라는 제목을 붙여 책으로 출간한 것 또한 다소 위안을 갖게 한다.

이 책을 통하여 자식을 먼저 보낸 부모님들에게는 아이의 소중함을, 아이들에게는 부모님에 대한 한없는 자식 사랑을 인식할 수 있는 계기가 되기를 간절히 소망해 본다.

2007년 평소 가톨릭에 귀의코자 했던 아이의 뜻을 기리고자 아내와 함께 수원 고등동 성당에서 영세와 견진 성사를 받은 것 또한 기억에 남는다. 앞으로 성모 마리아님을 섬기는 삶을 통하여 천상의 아이와 함께 영원히 동행하는 삶을 살아갈 것이다.

23년의 짧은 삶을 살다 간 아이의 숭고한 희생정신을 기리기 위해 함께했던 동료 부대원의 이름으로 뜻있는 추모비 제막을 하게 되었다. 4개월여의 짧은 아이의 군 생활이지만, 아이의 땀과 채취가 묻어있는 이곳 부대 연병장 앞에서 아이를 추모할 수 있는 시간이 주어진 것에 그저 감사할 따름이다.

앞으로는 이런 일을 하고 싶다.

먼저, 아이의 영혼 결혼식을 해 주고 싶다. 태어나는 것이 제1의 탄생이라 한다면 결혼은 제2의 탄생이라고 한다. 그만큼 사람의 삶에 있어서 결혼이 갖는 의미는 무엇보다도 중요하다는 의미일 것이다. 꽃다운 나이에 세상을 떠난 아이의 영혼결혼식을 통해 너무나 안타깝게 저 세상으로 간 아이의 영혼이라도 달래주고 싶기 때문이다.

23년의 짧은 동행이었지만 우리 가족에게 많은 것을 주고 간 대견스러웠던 아이. 그리고 착하고 귀엽게 그리고 구김살 없이 자라 주었던 아이의 유년 시절, 초중고교 시절, 대학 생활, 그리고 일본에서의 단란했던 3년의 소중한 추억을 책으로 출간하는 일 또한 대한민국의 국군 장병이 사고로 인하여 다시는 가족과 영영 이별하는 일이 바라는 마음 때문이다.

하늘나라 아이에게 지킨 "약속"

'걱정도 팔자'라는 말이 있지만 가끔은 누군가에게 대수롭지 않게 한 약속을 지키지 못하고 있는 것은 아닌지 걱정을 해 본다. 또한 '아직도 그 약속을 지켜주기를 바라고 있지는 않을까?' 하는 두려움이 앞서기도 한다.

우리는 살면서 많은 사람과의 '약속'을 통한 만남을 통하여 인간관계를 보다 부드럽게 이어간다. 그리스 철학자 아리스토텔레스의 "인간은 사회적 동물"이라고 한 말을 빌리지 않더라도 인간은 혼자서는 살 수 없기에 '약속'을 통해 만남의 연을 맺으며 살아갈 수밖에 없다. 다양한 부류의 만남을 통하여 자기 삶 속에서 미처 깨닫지 못하는 부분을 보충하면서 풍요로운 삶을 영위할 수 있는 것이 아닐까 싶다.

약속에도 여러 가지 형태가 있겠지만 사랑하는 사람과의 만남을 위한 약속, 스트레스 해소를 위한 직장동료들과의 '한 잔 하자!'는 약속 등이 가장 많을 것이다.

이와 같이 '만남'을 위한 약속이 있는가 하면 자신 또는 상대방과의 어떤 다짐을 위한 약속도 있다.

예를 들면 사귀는 연인에게 결혼만 해 주면 평생을 당신만을 위해 살아가겠노라는 다짐하는 약속도 있다.

술을 많이 마시고 집에 들어와 아내에게 한 소리 들을 때면, "다음부터는 절대 마시지 않겠다!"라고 맹세하는 약속도 있을 것이다.

이러한 약속들은 그 순간을 모면하려는 임기응변식의 약속이기에 작심삼일이 되는 경우도 있지만 앞으로도 본인의 의지에 따라 얼마든지 지킬 수 있다.

군에 가는 아이에게, 무사히 군 생활을 마치기를 바란다는 말과 함께, 아빠도 직장 생활에 충실해 승진이 될 수 있도록 노력할 테니 아이도 군 생활에 충실하기로 서로 약속했다.

아이가 군에 가기 전날인 04년 8월 30일 저녁의 일이다.

매스컴을 통해 자주 보도 되듯이 예기치 못한 각종 사고로 젊은 군인들이 희생되는 것을 목격하면서 아이의 분발과 무사 제대를 염원하는 마음에서 한 약속이었다. 물론 승진이라는 게 원하는 대로 되는 것은 아님을 뻔히 알면서도 말이다.

그런 다짐 소리를 들으면서 밝고 의젓한 모습으로 아빠 얼굴 바라보며, "알았어요! 저도 군 생활 잘 참고 견뎌낼께요. 아빠 걱정 마세요"라고 했던 아이의 모습이 지금도 눈에 선하다.

아이와 다짐했던 약속은 2년 6개월 만인 지난 2월 22일 지킬 수 있었다. 하지만 약속을 지켜봐 주어야 할 당사자인 아이는 지금 세상에 없다.

현생現生에서의 부자간 약속이었거늘, 하늘나라에 있는 아이에게 이 소식을 전해야만 하는 사실이 그저 안타까울 뿐이다.

하지만 이제라도 그 약속을 지킬 수 있어 다행이라는 생각과 함께 하늘나라에 있는 아이도 아빠의 승진을 진심으로 기뻐하고 축하해 줄 것이라는 마음으로 위안을 삼아본다. 아이는 친구들에게 군 생활 무사히 마치면 일본 유학을 하겠다는 이야기를 자주 했다고 한다. 하지만 친구들을 향한 그 다짐은 이제 영원히 지킬 수 없는 '약속'이 되고 말았다. 그런 꿈 많았던 아이의 약속을 실천하고자 모교인 경기대학교에 일본 유학을 희망하는 어려운 학생들에게 장학금 전달을 통하여 아이를 대신해서 약속을 지킬 수 있었다.

 이제 5월 가정의 달을 맞이하면서 가장으로서, 아빠로서 가족 서로 무심코 한 '약속'이 무엇인지 다시금 되새겨 본다.
 순간순간 다짐한 소중한 약속의 실천이야말로 물질적 풍요로움 못지않게 화목하고 따뜻한 'Home Sweet Home'을 이루는 지름길은 아닐까 싶다.

정현장학금과 명예졸업장, 그리고 영결식

사랑하는 가족의 품을 떠난 지 3년의 시간.

문득 아이가 세상을 떠나던 2005년 1월 18일의 긴박했던 상황이 머리를 스쳐간다. 사고 소식을 접하고 수원에서 근무하던 철원 군부대 병원까지 가는 4시간이 왜 그리 길었던지.

설마 하는 마음으로 병원에 도착해 보니 아이는 이미 세상 사람이 아니었다. 마지막 숨이 멎기까지 '얼마나 가족들이 보고 싶었을까' 하는 생각을 하면 지금도 숨이 멎을 지경이다.

도로가 결빙되어 늦게 도착하는 바람에, 마지막 목소리도 듣지 못한 채 싸늘한 주검만을 목격해야 했던 게 못내 한으로 가족들 마음에 남아있다.

아이 생각에 힘들어하는 우리 가족에게 주변으로부터 이런

위로와 격려의 말을 자주 듣는다. 정현이는 슬픔과 걱정 없는 천국에서 하느님의 보살핌 속에 우리보다 더 행복한 삶을 살고 있을테니, 이제는 가슴의 한을 훌훌 털어버리고 아이를 놓아주어야 한다고 말이다.

상념과 실의에 빠지기보다는 당당한 아빠의 모습으로 살아가기를 정현이도 바랄 것이라는 말도 빠지지 않는다.

솔직히 아픈 과거의 일로 잊고 살아가려 노력도 해 보지만 역시 한시라도 아이를 잊고 살아갈 수 없다는 걸 깨닫게 된다.

아이 없이 보낸 지난 3년.

2005년 6월 현충일을 전후에 아이가 다니던 모교를 찾아 순직위로금을 모아 아이 이름을 딴 '정현 장학금'을 전달할 수 있었던 것이 무엇보다도 가슴 뿌듯하다. 지금도 장학금을 받은 후배들이 우리 가족에게 가끔 연락을 주곤 한다. 그저 고마울 따름이다. 2007년 2월 22일 아이가 다니던 모교 졸업식에서 총장님의 배려로 명예졸업장을 받으러 갔던 기억도 떠오른다.

모두들 자랑스럽게 가족의 축하를 받으면서 졸업장을 받는데 왜 정현이는 사랑하는 가족과 함께하지 못하고 먼 곳으로 떠나야만 했는지 그저 안타까울 뿐이다.

하지만 아이를 그리워하는 마음을 글로 표현하는 작품 활동을 통해 계간 『한국작가』가 주관하는 수필부분 신인상을 수상, 문단에 등단할 수 있게 해 준 아이에게 고마울 따름이다.

또 하나, 아이를 추모하기 위해 간간히 써 왔던 글과 가족들 그리고 주위 분들의 위로와 격려의 글을 모아 금년 2월 '이 세상에서의 마지막 편지'라는 제목을 붙여 책으로 출간한 일이 다소 위안을 갖게 한다. 이 책을 통하여 자식을 먼저 보낸 부모님들에게는 아이의 소중함을, 아이들에게는 부모님에 대한 한없는 자식 사랑을 인식할 수 있는 계기가 되기를 간절히 소망해 본다.

2006년 12월 24일 성탄절. 아이가 평소 가톨릭에 귀의코자 했던 아이의 뜻을 기리고자 아내와 함께 수원 고등동 성당에서 영세와 견진 성사를 받은 것 또한 기억에 남는다. 앞으로 성모 마리아님과 하느님을 섬기는 삶을 통하여 천상의 아이와 함께 영원히 동행하는 삶을 살아가리라.

작년 12월 15일에는 23년의 짧은 삶을 살다 간 아이의 숭고한 희생정신을 기리기 위해 함께했던 동료 부대원의 이름으로 뜻 있는 추모비 제막식도 해 주었다. 4개월여의 짧은 군 생활이지만, 아이의 땀과 채취가 묻어있는 이곳 부대 연병장 앞에서 아이를 추모할 수 있는 공간이 주어진 것에 그저 감사할 따름이다.

앞으로 꽃과 나무 등을 심어 추모공원으로 조성, 매년 아이를 기리는 추모행사를 개최하겠다고 한다. 하지만 차량 전복 사고 직후의 응급조치 미흡 등을 생각하면 군대에 대한 원망과 미움이 아직도 남아있다.

하지만 이제는 사고 현장에 있던 모든 이들도 정현이를 살리려 최선을 다했을 것이라고 믿고 싶다. 정현이도 언제까지 그들을 원망하고 미워하는 아빠이기를 바라지 않을 것이기에 말이다.

하루하루를 간절함으로

귀향, 그리고 내 고향 퇴촌

'고향'이라는 단어를 인터넷으로 검색해 보았다.
누구에게나 다정함과 그리움과 안타까움이라는 정감을 강하게 주는 말이면서도, 정작 '이것이 고향이다'라고 정의를 내리기는 어렵다면서 다음과 같이 설명하고 있다.
고향은 나의 과거가 있는 곳이며, 정이 든 곳이며, 일정한 형태로 내게 형성된 하나의 세계이다. 고향은 구체적이고 객관적으로 어느 고을 어떤 지점을 제시할 수도 있고, 언제부터 어느 때까지 살았다는 시간을 제시할 수 있으면서도, 감정을 표현하는 데는 각인각색으로 모습을 달리할 수 있다. 타향에서 사는 사람의 입장에서 보면 곧장 갈 수 없는 안타까움의 상징이라고 설명하고 있다.

'수구초심首丘初心'이라는 말도 있다.

여우가 죽을 때 제가 살던 굴이 있는 언덕 쪽으로 머리를 둔다는 뜻이다. 객지에서 살면서 고향을 그리워하는 마음을 일컫는 고사성어다.

엊그제 30년 동안 살아 온 정든 수원을 떠나 고향으로 이사를 했다.

직장 생활을 위해 어쩔 수 없이 떠나온 이래 수많은 희로애락을 뒤로하고 내 고향 "퇴촌"으로의 새로운 삶을 시작하게 된 것이다.

조선시대의 개국 공신인 조영무 선생이 관직에서 물러난 뒤 낙향해 조용하게 일생을 마쳤다는 말에서 유래한 "물러갈 退, 마을 村"의 퇴촌.

서울에 인접하고 있으면서도 각종 규제로 인해 옛날 그대로의 모습을 어느 정도는 간직하고 있는 곳이기도 하다. 팔당댐이 건설되기 직전인 1973년 무렵만 해도 경안천 하류지역에는 1급수에서만 서식하는 은어 등을 언제든지 볼 수 있었던 물 맑고 산수 좋은 고장이다.

지금은 수도권지역 시민들의 휴식공간으로서 많은 이들이 자주 찾는 지역이 되었고, 급격한 도시화 등으로 자연 환경이 많이 훼손되어 안타까운 면이 있기는 하지만 그래도 옛 그 모습을 그대로 느끼기에는 충분한 곳이 아닌가 싶다. 이런저런 맛집이 성업을 하고 있어 주말뿐만 아니라 평일에도 많은 이들이 찾아오는 곳이기도 하다. 매년 6월에 개최되는 토마토축제도 유명하다.

또한 연예인들이 많이 거주하는 곳으로, 순수함의 상징인 싱어송 라이터 송창식씨는 아직도 거주하고 있으며, 우리나라 희극인의 대부인 故배삼룡씨를 비롯한 많은 이들이 이곳에서 거주하면서 휴식과 마음의 여유를 갖던, 연예인이 살고 싶어 하는 지역이기도 하다.

누구든지 고향을 떠올리면 아련했던 지난 시절들을 그리워하며 추억하게 된다.

나 또한 예외는 아니다. 비록 넉넉하지 못한 형편이었지만 티없이 맑고 순수했던 그 시절을 반추할 수 있는 참으로 고마운 곳이기도 하다.

당시 퇴촌에는 전기가 들어오지 않는 지역이어서 텔레비전도 없었기에 세계적인 축구 스타 브라질의 펠레가 한국을 온다는 소식을 듣고 텔레비전이 있는 분원까지 8Km를 걸어서 축구 경기를 시청했던 기억도 아련히 남아있다.

다음에 떠오르는 것이 바로 "봄"이다.
나의 살던 고향은 꽃피는 산골/복숭아꽃 살구꽃 아기진달래
울긋불긋 꽃 대궐 차린 동네 /그 속에서 놀던 때가 그립습니다.
암울했던 일제치하에서 해방을 염원하는 우리 국민의 마음이 담긴 시「고향의 봄」이다.
나라 잃은 설움이 숨겨져 있는 詩이기도 하지만 현재의 시간이 힘들고 고달픈 우리네 삶 속에서 엄동설한을 지나 따뜻한 봄을 기다리는 보통사람들의 간절함이 고스란히 담겨져 있는 노랫말이기도 하다.

다음은 "어머니"가 떠오른다.
어느 것 하나 넉넉하지 않았던 삶이지만 주어진 현실을 부정하거나, 불평불만하지 않고 있는 그대로의 삶에 순응하면서 감사하며 살았던 고향. 그렇게 할 수 있었던 것은 바로 생각만 해도 눈물이 핑도는 어머니와 함께 했기에 가능한 일이었다.
나훈아의 노래 〈울 엄마〉 가사는 더욱 더 우리의 마음을 울컥

하게 한다.

눈에 넣어도 아프지도 않겠다던 울 엄마가 그리워진다.

비가 오면 비 맞을새라/험한 세상 넘어질새라/사랑땜에 울먹일새라

회초리치고 돌아앉아 우시던/ 울 엄마가 생각이 난다(중략)

고향을 이야기할 때에 엄마의 따뜻한 가슴을 빼 놓을 수 없는 이유가 바로 거기에 있지 않나 싶다.

솔직히 "귀향"을 결심하고 나서 설레이는 마음도 있지만 나이 60을 넘긴 시점에서 어떻게 적응할 수 있을까 하는 두려움이 앞서는 것도 사실이다.

익숙해진 지금 이대로의 위치에서 사는 게 더 편할지도 모른다.

하지만, 38년 7개월의 공직을 인생 1모작, 1년 6개월이라는 공공기관 직분이 인생 2모작이라고 정의한다면 앞으로의 인생 3모작은 인생 100세 시대를 준비하는 삶은 고향이어도 좋겠다는 생각을 해 본다.

더불어 흙에서 태어나 흙으로 돌아갈 수 밖에 없다는 평범한 삶의 진리를 곱씹어 보면서 말이다.

배우고 가르치고, 꿩 먹고 알 먹고

아침 일찍 눈을 뜨면 제일 먼저 텃밭의 채소와 나무들이 정답게 나를 반겨 준다.

텃밭과 울타리 주변에는 뽕나무, 감나무, 블루베리, 아로니아, 매실나무 등 꽤나 많은 나무들이 심겨져 있어, 참새와 까치 그리고 비둘기까지 찾아와 지저대곤 한다. 마당 30평 정도 되는 한 켠에 5평 남짓의 텃밭을 만들어 상추 고추 등 야채를 심어 먹고, 가을이면 무와 배추로 매년 김장을 담기도 하니 어느 것 하나 쓸모없는 것이 없음을 깨닫는다. 김장철이 되면 출가한 딸네 가족이 찾아와 함께 정성을 다하여 김치를 담그니 맛은 세 배가 된다.

퇴직 후, 고향인 퇴촌에서의 인생 2모작의 삶.

그동안 느껴보지 못했던 고향의 체취를 아름다운 자연과 더불어 만끽하며 지내고 있다. 누구에게나 주어진 기회가 아니라는 걸 알기에 늘 감사하는 마음으로 살아간다.

복잡한 도시에서 40여 년간의 긴 직장 생활을 무사히 마치고 고향에서 생활을 시작하게 되었으니, 이른바 '귀농'이 아닌 어린 시절 살았던 고향으로의 '귀향'이다.

그리 빛나는 일상은 아니더라도 편안한 시간에 친구와 만날 약속을 할 수 있고, 아침 일찍 출근 걱정하지 않으니 편안해서 더 좋다. 평생을 공직에 있었기에 언제 비상 걸릴지 모르는 두려움에서 해방 될 수 있는 것 또한, 퇴직 후에 느낄 수 있는 소소한 일상의 행복이다. 매주 목요일이면 28개월 된 외손자를 보러 가는 시간이 기다려지는 과분한 호사도 누리면서 살고 있다.

작년 이맘 때 쯤의 일이다.

단순히 문자 또는 전화를 주고받는 기능 밖에 알지 못해 관내에 있는 주민자치센터에서 운영하고 있는 문화강좌에 등록 '스마트폰 사용법 과정'을 배울 수 있는 기회를 갖게 되었다. 함께 수강하는 85세 되신 할머니께 스마트폰을 배우는 이유를 물었더니 "공부는 죽을 때 까지 하는 거지요"라고 하시면서 꾸부정한 어깨를 뒤로 젖히며 겸연쩍어 하시던 모습이 떠오른다.

일찍이 공자는 제자들이 정리한 『논어』 제1편에서 평생교육의 중요성을 강조했다. "평생 배우고 익히면 즐겁지 아니한가!" 은퇴는 끝이 아니라 또 다른 삶의 시작임을 설파한 공자의 현명함과 지혜를 우리는 배워야 할 것이다.

자율주행자동차가 상용화되는 4차 산업 혁명시대에 생존을 위해서는 평생 배우고 익히는 삶이 아니면 살아남을 수 없음은 자명한 일이다.

'배우는 일'과 더불어 '가르치는 일' 또한 은퇴 후의 삶이 무료하지 않게 하는 원동력이다.

모교인 경기대학교에서 후배들에게 한국행정론 강의를 통해 어린 시절 꿈꿔 왔던 선생님의 꿈을 이루었다. 가정 형편상 고교 졸업 후 공직에 입문한 이래, 배움에 목말라했기에 야간 대학을 다녔고, 국비 유학으로 일본에서 대학원까지 마칠 수 있었기에 가능한 일이었다. 고교 시절과 유학 시절 배우고 터득한 일어로 관내 노인복지관과 주민자치센터에서 일어강사로 활동하는 것 또한 가르치는 즐거움이 아닐 수 없다.

다양한 활동을 하면서 은퇴한 것이 아니라 아직도 현역에서

일하고 있는 것 같은 착각에 빠질 때도 있다.

코로나 19로 인해 대면 강의가 없는 요즈음, '선생님, 빨리 뵙고 싶어요'라며 안부 전화를 받을 때면 가르치는 일의 보람이 무엇인가를 깨닫게 된다. 하루라도 빨리 진정되어 어르신들과 얼굴을 마주할 수 있기를 기원해 본다.

그 밖에 학교 밖 청소년을 대상으로 한 검정 고시반 강사, 한국에 거주하고 있는 외국인 근로자들에게 한국 문화를 알리는 강사 활동 등 다양한 계층을 대상으로 한 강사 활동을 통해 지역 사회에 이바지 하고 있다. 이른바 재능기부다. 하지만 어르신들의 젊은 시절의 고단한 이야기, 외국인근로자들의 외국 생활의 애환 등의 이야기를 접하면서 '가르친다'라기 보다는 오히려 많은 것을 배운다는 게 솔직한 표현일 듯 싶다.

이를테면 '가르치는 것'과 더불어 평생 '배우고 익히는 것'을 동시에 경험하는 일석이조一石二鳥의 삶, 꿩 먹고 알 먹는 거 아닐까?

공직 생활에서 터득한 다양하고 생생한 현장 경험들을 그대로 묻어버리지 말고 지역 사회를 위해 값지게 사용되어 질 수 있도록 타인에게 전달하는 것 또한 은퇴 공직자가 가져야 할 마음 자세임에 틀림없다.

인생 100세 시대를 이야기하는 요즈음, 앞으로의 삶은 이랬으면 좋겠다.

배우고 익히면 때로는 즐겁지 아니한가!

學而時習之 不亦說乎

벗이 멀리서 찾아오니 또한 즐겁지 아니한가!

有朋自遠方來 不亦樂乎

사람들이 알아주지 않아도 성내지 않으면 군자가 아니겠는가?

人不知而不慍 不亦君子乎

포커페이스

2016년은 최순실 국정농단 사건으로 온 나라를 떠들썩하게 했고 드디어 '17년 탄핵에까지 이르는 지경이 되었다.

대통령의 비정상적인 통치행위가 많은 국민을 분노하게 했으며 급기야는 광장으로 나오게 했음은 두말할 나위가 없다.

대다수 국민의 한결같은 지적은 소통의 부재에서 오는 비정상적인 국정운영에 대한 비판이었는바 소통의 중요성을 깨닫는 계기가 아니었나 싶다.

대통령의 예에서뿐만 아니라 우리는 늘 의사소통을 통해 인간관계를 유지하며 살아갈 수밖에 없다.

내 생각을 이야기하고 상대방의 이야기를 듣는 과정을 통해 서로의 의중을 확인하고 상호 공감하는 것이야말로 바람직한 의

사소통을 위해 꼭 필요한 것이기에 그렇다. 자신의 속내를 상대방에게 어떻게 표현하느냐와 더불어 귀담아 들을 줄 아는 혜안의 자세는 인간관계의 승패를 좌우하게 됨은 자명한 일이다.

"의사소통"의 본질은 무엇일까?

단순히 말의 뜻만을 전달하는 것이 아니라, 듣는 사람을 감동시키고 공감대를 이끌어내기 위한 과정으로 진정성을 가지고 상대방과의 대화에 임해야 한다고 정의하고 있다.

흔히, 일본사람과 소통할 때 "혼네[本音]와 다테마에[建前]"를 이해해야 한다고 한다. 해석을 하자면 "마음속에 품고 있는 마음(속내)"과 "언어로 표출되는 말"이 반드시 일치하지는 않는다는 것을 유념해야 한다는 뜻이다.

본심은 그렇지 않으면서도 상대방을 배려(?)하는 차원에서 듣기 좋은 말을 할 수 있기에 일본 사람들과의 대화 과정에서는 곰곰이 생각하고 들어야 한다는 의미일 것이다.

따라서 일본 사람들이 대화 과정에서 긍정적인 화법을 쓰는 것에 대해 액면 그대로 받아들이면 곤란하다는 것이다.

(배려가 아니라 일본인의 언어습관 자체가 그렇다고 이야기하는 사람도 있지만 말이다.)

"포커페이스"라는 말도 있다.

원래 도박하는 사람들끼리 각자 속마음을 나타내지 않고 무표정하게 있는 얼굴. 특히 포커를 할 때 내가 갖고 있는 패(카드)의 좋고 나쁨을 상대편이 눈치 채지 못하도록 표정을 바꾸지 않는 데서 유래되었다고 한다.

'93년도 일본 가나가와 현청에서 교류공무원으로서 1년간 파견근무 시 일본 공무원이 해 준 이야기가 지금도 기억에 남는다.

나에 대해 얼굴만 바라보아도 마음속에 어떤 생각을 하고 있는지 금방 알 수 있다고 하면서, 진실하고 순수한 이미지로 평가할 수도 있지만 자기 내면의 모습이 상대방에게 들키게 하는 것은 의사소통에 있어서 바람직하지 않다는 것이었다.

단순하고 꾸밈없는 걸 좋아하는 성격이라서 처음 만나는 사람들에게도 '가족사'에서부터 온갖 속내까지 스스럼없이 말해버리는 것에 대한 솔직한 진단을 해 준 것이라 믿는다. 이를테면, 포커페이스적인 사고방식을 주문한 것으로 이해하고 싶다.

인간관계에 있어서 "포커페이스"적 사고방식도 필요할 것이다.

상대방에 대한 배려라고도 볼 수 있는 일본인의 "혼내[本音]와 다테마에[建前]"적 사고도 또한 필요할 것이다.

하지만 자기 자신을 속이면서 진정성이 결여된 의사소통보다는 사람 냄새 묻어날 수 있는 그대로의 감정을 표현하는 것 또한 중요하다는 생각을 해 본다.

죽음을 목전에 둔 사람에게 "당장 내일 죽을거"라고 말하는 경우도 있지만 그 반대의 이야기 즉, 희망적인 이야기를 해 줄 수도 있다.

일 처리를 바르게 하지 않아 전전긍긍하는 사람에게 그 잘못을 직설적으로 표현하는 것보다 격려와 더불어 앞으로 그런 일이 없도록 공감할 수 있는 언어적 표현도 필요하리라.

맹자가 설파한 "중용의 길"은 인간 사회는 항상 양면성이 존재한다는 것을 강조한 말이다.

상황에 따라 달라지는(대처하는) 하이에나와 같은 삶도 존재한다.

하지만, 하지만 말이다.

인생 3모작을 시작하는 앞으로의 삶은 포커페이스적인 삶을 추구하기보다는 다소 불편하더라도 있는 내면의 진실한 나를 상대방에게 표현하면서 희로애락을 공유, 공감하는 풋풋한 삶이기를 갈망한다.

학이시습지불역열호 學而時習之不亦說乎

'직업'이라는 단어를 검색해 보았다.

'일을 통해 개인 및 가족이 경제적으로 안정된 삶을 유지하는 데 중요한 수단을 제공하고, 자신을 성장 발전시켜 자아를 실현하는 역할, 원만한 사회생활과 봉사의 중요한 기회를 제공해 주는 것'이라고 설명하고 있다.

그럼 내 삶에 있어서 '직장'은 어떤 의미였을까?

솔직히 '원만한 사회생활과 봉사'라기 보다는 호구지책 糊口之策을 위한 직장생활이었다고 고백하지 않을 수 없다. 맞벌이를 할 수 밖에 없는 녹녹치 않은 상황에서 적성과 능력에 맞는 일이었는지 판단할 여력이 애초부터 나에게 존재하지 않았다. '원만한 사회생활과 봉사', '공직자로서의 무한 봉사'라는 구호는 가슴에 쉽게 다가오지 않는 미사여구였다.

　삼시 세끼를 제대로 해결하지 못했던 어린 시절부터의 절대적 빈곤이 연속되는 상황 속에서 시작한 직장 생활이었기에 어쩔 수 없었다고 솔직하게 고백하지 않을 수 없다.

　지금이야 경제적인 것에 연연하지 않고 자기가 하고 싶은 일을 하는 젊은이들이 많기 때문에 한류를 이끌고 있는 K-pop 이라는 음악도 탄생할 수 있었으리라.

　고교 졸업 후 시작된 40여년의 직장 생활을 되돌아보면 어떻게 견디어 왔나 하는 생각도 가져 본다. 하지만 그 긴 시간에 얻어진 유무형의 경험, 좌절과 절망 그리고 실패를 극복했기에 오늘의 내가 가능하지 않았나 싶기도 하다. 은퇴 후의 삶이 크지는 않지만 다양한 사회 활동을 할 수 있는 소중한 자양분으로 활용되어지고 있음은 두말할 나위가 없다.

　은퇴 후 복잡한 도시를 떠나 40년간의 긴 직장 생활을 무사히 마치고 고향으로의 삶을 시작하게 되었다. 이른바 귀농이 아닌 어린시절 살았던 고향으로의 귀향이다.

　그리 빛나는 일상은 아니더라도 편안한 시간에 누구와 만날 약속할 수 있고, 아침에 출근 걱정하지 않아서 좋기도 했다. 평생을 공직에 있었기에 언제 비상 걸릴지 모르는 두려움에서 해방 될 수 있는 것 또한 퇴직 후에 느낄 수 있는 소소한 행복이 되었다. 매주 목요일이면 태어난 지 28개월째 된 외손자를 보러 가는 시간이 기다려지는 과분한 호사도 누리면서 살고 있다.

퇴직 후, 고향에 가서 전원주택 짓고 유유자적하는 것이 은퇴자들의 로망이라고 한다면 이를 실천한 것 또한 감사해야 할 일이 아닐까 싶다.

얼마 전의 일이다.

단순히 문자 또는 전화를 주고받는 기능 밖에 할 수 없기에 관내에 있는 주민자치센터에서 운영하고 있는 문화강좌 중에서 '스마트폰 사용법 과정'을 배울 수 있는 기회를 갖게 되었다.

함께 수강하는 85세 되신 할머니께 스마트폰을 배우는 이유를 물었더니 "공부는 죽을 때 까지 하는 것이지요"라고 하시면서 꾸부정한 어깨를 뒤로 젖히며 겸연쩍어 하시던 모습이 떠오른다.

우리는 태어나면서부터 배움이라는 것을 통해 인격체로서 성장, 발전해 나가게 된다. 영유아期에는 어린이집과 유치원을, 그리고 10대 중·고교를 거쳐, 20대에는 대학교육을 통해 바람직한 민주시민으로서의 역량을 키워나가게 된다.

하지만, 학교 교육은 제도권 틀 속에서 이루어지는 교육의 한 부분임에 지나지 않음에도 불구하고 마치 교육의 전부인 것으로 인식되어 온 것도 사실이다. 사실, 사회구성원이 받는 교육은 정규학교 교육에만 국한되는 것이 아니고 가정교육, 사회교육 등을 포함하여 유아기부터 노년기까지 전생애全生涯에 걸쳐 계속되어야 함은 두말할 나위가 없다.

일찍이 공자는 제자들이 정리한 이 시대 명심보감 『논어』 제1편에서 평생교육의 중요성을 일찍부터 일갈했다.

평생 배우고 익히면 즐겁지 아니한가!

벗들이 먼 곳에서 오는 것은 또한 즐겁지 아니한가!

남이 나를 알아주지 않아도 노여워하지 않음이 또한 군자가 아니겠는가!

은퇴는 끝이 아니라 또 다른 삶의 시작이어야 함을 제자들에게 설파한 공자의 현명함이 우리를 감동케 함은 두말나위가 없을 것이다.

4차 산업 혁명을 이야기하고 자율주행자동차가 상용화되는 시대에 살아남기 위해서는 평생 배우고 익히는 가운데 즐거움을 터득해야만 가능한 일일 것이다.

나이는 숫자에 불과하다는 말과 같이 인생 100세 시대를 논하는 이 시대에 은퇴는 결코 끝남이 아니라는 것을 명심해야 하지 않을까.

갓 은퇴한 새내기로서, 평생 배우고 익히며 즐거워하는 삶이야말로 건강하고 바람직하게 살아가는 참 모습임은 두말할 나위가 없을 것이다.

사람의 귀가 두 개인 이유?

　사람이 세상을 살아가는데 필요한 다양한 신체가 있다. 이곳 저곳을 바쁘게 다닐 수 있는 두 다리가 있는가 하면 밥을 먹기 위해서 필요한 손도 있다. 튼튼한 두 다리를 이용해 걸을 수가 있기에 건강을 유지할 수 있음은 두말할 나위가 없다. 손 없는 인간의 삶은 상상조차 할 수 없을 만큼 중요한 부분이다.

　많은 신체의 기관 가운데 다른 사람의 이야기를 들음으로서 지식을 받아들여 인간 삶을 윤택하게 하는데 긴요한 게 있으니 그게 바로 '귀'가 아닐까 싶다. '외부의 소리를 잘 들을 수 있도록 사람이나 동물의 머리 양 옆으로 볼록 드러난 부분'이 사전적 의미에서의 뜻풀이다. 남의 이야기를 잘 들을 수 있는 기능을 담당하고 있음을 의미할 것이다.

　얼마 전 고향 선후배분들과 식사를 겸한 자리에서 들은 이야기가 마음에 와 닿아 소개할까 한다. 이제 공직도 잘 마무리하였으니 앞으로의 시간들은 '귀가 얇지 않게'만 살면 된다는 것이었다. 여린 성격을 염려하며 남의 사탕발림 이야기에 현혹되지 말고 자기 주관을 확실하게 갖고 살라는 선배의 고언이었으리라. 사람의 귀가 두 개인 이유를 아느냐고 질문하면서 친절하게 그 이유까지 설명을 해 주었다. 한 쪽 귀로 들어 온 수많은 이야기 가운데 꼭 필요한 사항만 머리에 입력하고, 필요하지 않은 쓸데없는(?) 이야기들은 반대편 귀를 통해 내 보내기 위해서 두 개라는 것. 남의 이야기를 모두 100% 액면 그대로 듣지 말라는 뜻으로 받아들여진다.

　세상의 많은 정보는 활자 매체를 눈을 통해 받아들이게 된다. 한편으로는 청각 기능을 하는 '귀'를 통해서도 수 없이 많은 지식을 습득하게 되는 것이다. 하지만, 신이 아닌 이상 홍수같이 밀려오는 수많은 정보를 모두 머리에 저장하는 것은 물리적으로 불가능하다. 머리가 좋아 많은 정보를 하나도 빠짐없이 입력이 된다면 그 또한 머리가 빠개질 일이다. '취사선택取捨選擇'하라는 이야기다. 각자의 삶 속에서 그리 중요하지 않은 사항이나 편견적인 정보까지 기억하려고 하는 것은 비효율적임은 자명한 일이기 때문이다. 또한 비생산적인 이야기들, 이를테면 지나치게 다른 사람을 비방하거나 흉을 보는 정보의 경우라면 (인간관계에서 꼭 필요한 것이 아니라면) 한 쪽 귀로 듣고 한 쪽 귀로 흘려버리는 것이 현명한 일 아닐까 싶다.

하지만, 시시비비를 떠나 상대방의 이야기를 귀담아 들을 줄 아는 경청의 자세는 아무리 강조해도 지나치지 않으리라. 모 그룹의 모 회장이 그룹 후계자를 장남이 아닌 둘째 아들로 선택한 결정적인 이유는 남의 이야기를 경청할 줄 아는 혜안을 가졌기 때문이었다고 한다. 자기PR의 시대라고는 하지만 자기주장만을 설파하는 것보다 남의 이야기를 귀담아 들을 줄 아는 것이 대기업을 이끌어가는 총수로서의 자격이 있다고 판단한 고인의 예리함이 있었기에 오늘날의 세계적인 대기업으로 성장하지 않았을까 싶다.

'귀가 얇은 사람'이라는 말도 한다. 다른 사람들이 해 주는 충고나 조언에 무분별하게 솔깃하는 사람을 일컫는 말이다. 한 쪽 귀를 통해 들어오는 수많은 정보 가운데 삶의 자양분이 되는 꼭 필요한 것들은 머리에 잘 담아 두어야 하지만 그렇지 않은 것들은 반대편 귀로 흘러 보내는 것이 현명함을 일갈하는 의미일 것이다. 예로부터 사람은 귀의 생김새에 따라 미래의 운명을 점치기도 한다.

귀의 생김새에 따라 외견상 귀가 크고 두툼하면 '복이 많아 보인다' 또는 '한 자리 해 먹을 사람'이라고 말하기도 한다.

신체의 모든 구조들은 있는 그대로의 현상일 뿐이다. 귀를 통해 전달되는 각종 지식습득을 통해 그 기관들이 인지할 수 있도록 해 주는 것이 바로 '귀'이기에 신체 부위 중에서도 가장 중요한 곳이 아닐까 싶다.

과유불급過猶不及이라 했다. '경청'과 '취사선택' 기능을 적절히 보완하는 역할을 감당할 때 사람의 귀가 두 개인 이유를 묻는 질문에 대한 진정한 답이 될 수 있지 않을까 싶다.

요즘 잘 안 보이던데 어떻게 지내는 겨?

"요즘 잘 안 보이던데 어떻게 지내는 겨?"
"하는 거 없이 바쁘게 지내고 있습니다. 선배님!"
그러자 대뜸 '불러 줄 때가 좋은 겨, 나이 들어 늙어지면 오라는 사람도 없지'라고 했다.

퇴직과 함께 정들었던 30년간의 수원 생활을 정리하고 고향인 퇴촌에서 생활을 시작한 지 벌써 7년이 흘렀다.
아침 일찍 일어나 동네 한 바퀴 돌면서 다정한 이웃들과 나누는 이야기 속에서 사람 냄새를 느낀다. 다 지나간 옛 일이지만 현직에 있었을 때의 무용담(?)을 전하는 것 또한 쏠쏠한 재미임에 틀림없다.

흔히 퇴직 후의 삶을 '인생 2막'이라는 말을 하곤 한다. 치열한 경쟁 속에서 쉴 틈 없이 살아왔기에 퇴직 후 인생 2막은 속박되기보다는 한가롭고 여유로운 자신만의 삶이어야 한다.

가까운 곳에서의 소소한 행복을 의미하는 '소확행'의 삶을 주문하는 것이기도 하다. 단순히 제품의 성능이 아니라 가격 대비 마음으로 느끼는 감정을 중시하다는 의미의 '價性費 보다 價心費'에 더 많은 관심이 필요한 삶이어야 한다는 의미도 담겨져 있음은 두말할 나위가 없다.

조직 내 적응을 위해서는 포기해야 하는 것들도 많을 뿐만 아니라 과도한 업무가 어깨를 억누르는 강박관념 속에서 40년 공직을 감당해 왔다. 봉사를 숙명으로 하는 공직의 특성으로 인해 늘 긴장의 연속인 시간이었음도 부정하지 못한다.

이제 나이 70을 바라보며 인생 2막, 체면치레에 집착하거나 지나치게 남을 의식하는 태도는 황혼의 삶에 전혀 도움이 되지 않는다. '거품 없는 그대로의 그릇'을 이해해 주고 보듬어 줄 수 있는 고향의 이웃과 함께하는 지금이 바로 인생 2모작 황금기가 아닐까?

'백수가 과로사 한다'라는 말이 있다.

퇴직 후의 보잘 것 없는 삶이지만 지역 여러 단체에서 활동을 권유하는 경우가 종종 있다. 공직에서의 경험을 함께 공유하고 더불어 지역사회에 뭔가 기여하기를 바라는 요청이기에 거절하기가 대략 난감하다.

일상적으로 여겨졌던 공직에서의 일처리 방식과 경험들은 지역사회단체와 행정기관간의 가교 및 완충 역할이 가능하다는 믿음 또한 동참하게 되는 이유 중의 하나임에 분명하다.

가만히 앉아있지 못하는 성격과 맞물려 꽤 많은 단체 활동을 하고 있다. 지역 문화 발전을 이끌어가는 문화원 및 문인협회 활동이 바로 그것이다.

모교의 총동문회 회장 및 주민자치위원회 고문 등도 봉사를 통해 애향심을 갖게 해 주는 귀한 직책이다.

고향 퇴촌에서의 친구들과 함께하는 술자리와 수원에 있는 경기도청의 옛 동료와 후배들의 부름(?)으로 한 잔 하러 가는 시간이야말로 삶의 만족도를 높여주기에 충분하다.

전철을 이용, 광주에서 수원까지 2시간 반은 족히 걸리지만,

이동하는 내내 이런 저런 생각에 젖을 수 있어서 좋다. 자가용보다는 대중교통을 자주 이용하는 것 또한 퇴직 후의 달라진 삶의 모습이다.

밥 한 끼 먹으러 긴 시간을 가느니 차라리 저간의 사정을 전하고 가지 말라는 아내의 핀잔도 듣지만 퇴직한 지 벌써 7년이 지난 보잘 것 없는 노쇠한(?) 사람을 불러 줄 때는 버선발로라도 나가야 한다는 생각이다.

문득 노사연의 노래 〈바램〉의 가사가 떠오른다.
'우린 늙어가는 것이 아니라 조금씩 익어가는 겁니다.'
인생 100세 시대를 살아가야만 하는 지금이야말로 '인생은 70부터'라는 말의 의미를 곱씹으며 삶을 마주해야 하지 않을까 싶다.

배우고 익히며 욕심을 버리고 내려놓는 것, 비움의 실천을 강조한 이 시대의 명심보감 『논어』 1장 학이學而편 내용을 다시금 음미해 본다. 배우면서도 익힌다면 또한 기쁘지 아니한가! 벗이 먼 곳에서부터 오고 있다면 또한 기쁘지 아니한가! 남이 알아주지 않아도 서운해 하지 않는다면 또한 군자가 아니겠는가!

천사의 속삭임

한 소녀가 들길을 걷다가 거미줄에 걸려 신음하는 나비를 보았다.

가엾은 생각이 든 소녀는 그냥 지나치지 않고 고통스러워하는 나비를 구해 주었다. 순간 나비는 천사로 변해 말했다. 나를 구해 주었으니 한 가지 소원을 말해보라고 하자 "평생을 행복하게 살았으면 좋겠어요"라고 말하자, 천사가 된 나비는 소녀의 귀에 대고 무엇인가 속삭였다.

세월이 흘러 이 소녀는 어느덧 노인이 되어 임종을 앞두고 가족들에게 말했다.

내가 이렇게 행복하게 살다가 죽음을 맞이할 수 있었던 것은 소녀시절 천사가 된 나비가 나에게 들려주었던 말을 늘 마음속에 간직하고 살았기 때문이라고 했다.

도대체 무슨 말이었을까? '늘(Always), 범사凡事에 감사하는 마음으로 세상을 살면 행복해 질 수 있다'라고 귓속말로 속삭였다고 한다.

동서고금을 막론하고 어떻게 사는 게 행복한 삶인지에 대해 시대를 앞서간 많은 이들이 다양한 이야기를 쏟아내고 있다.

"쾌락은 육체의 어떤 한 점의 행복에 지나지 않는다. 참다운 행복, 유일한 행복은 마음 전체의 영혼 가운데 존재한다"라고 주베르는 말했다.

육체적 만족에 의해서만 인간이 행복해 질 수 없다는 것을 강조한 말이다.

임어당은 "가질 수 없는 것에 대한 모든 욕망을 버리고 가진 것을 즐기는 것이 행복이다"라고도 했다.

버틀란드 러셀은 "경쟁의식이야말로 인간의 행복을 저해하는 최대의 적이다"라는 말도 했다. 다른 사람과 비교하지 않는 것, 그리고 다름을 인정하고 지금 이 순간을 즐기는 것이 행복이라는 의미일 것이다. 구구절절 금과옥조金科玉條이기는 하나 지나친 경쟁의 시대를 살아가는 현실에서 그런 자세로 살아가기란 그리 쉽지 않은 게 현실이다.

　주변을 돌아보면 참으로 감사할 일들이 지천에 널려 있음에도 우리는 늘 무엇인가 부족하고 불만족스럽게 하루하루를 살아가고 있는 것은 아닐까?
　아무 거리낌 없이 마시는 공기만 해도 그렇다.
　히말라야 고산지대의 사람들은 산소 부족으로 인해 각종 질병에 시달리며 얼마나 고통스럽게 살아가고 있는지 잘 알고 있다. 당연한 것이지만 마음껏 호흡하고 마실 수 있는 공기가 풍족하다는 사실이 얼마나 감사한 일인가!

　'소 잃고 외양간 고친다'라는 말이 있다. 부모님이 돌아가시고 나서야 살아계실 때 좀 더 잘할 걸 하며 통곡한들 무슨 소용이 있겠는가!
　당연한 것이 당연치 않은 상황이 되어서야 비로소 후회하는 인간의 나약함을 어떻게 설명해야 할까?

　자식이라는 존재만 해도 그렇다.

보통은 당연히 곁에 있는 존재라고 생각하지만 아이를 먼저 저 세상으로 보내고 힘들게 살아가는 내 입장에서 보면, 지극히 당연할 수 있는 곁에 있다는 게 얼마나 소중한 것인지를 깨닫게 된다.

이렇듯, 지천에 널려있는 행복 요소들을 당연한 것으로 여기고 감사할 줄 모르고 살아가는 우리 인간은 참으로 어리석은 존재임에 틀림없다.

무수히 많은 세 잎 클로버가 주는 일상적인 "행복"을 만끽한 후에 네 잎 클로버의 "행운"을 찾아도 늦지 않다는 걸 알아야 함은 두말할 나위가 없다.

"幸福"은 다행스러울 "幸"자에, 복 "福"字다.

다른 것 다 필요 없고 그저 다행스러울 정도만 되도 그게 복이라는 뜻이다. 즉, 무탈하기만 해도 행복한 것이라는 의미일 것이다.

물질의 노예가 되기보다는 작은 것에 감사할 줄 아는 마음, 당연한 것에 대해 감사할 줄 아는 현명함, 내려놓을 때, 비울 때 비로소 행복해질 수 있다는 평범한 진리임에는 두말할 나위가 없다.

천사가 된 나비가 한 소녀에게 귓속말로 말했던 평범한 이야기 "범사凡事 감사하는 삶"이 가지는 가치의 심오함을 깨닫는 우리들이 되기를 간절히 갈망해 본다.

언젠가 다가올 그날의 준비

나이 드신 노인들이 흔히 하시는 말씀 중에 하나가
"살만큼 살았으니 자식 속 썩이지 말고 얼른 죽어야 하지!"라는 말이다.

물론 진심에서 나온 말이 아닌 새빨간 거짓말이라는 것은 삼척동자도 다 아는 이야기다. 오죽하면 세상 3대 거짓말 중의 하나라고까지 할까.

그만큼 병들고 힘든 생활이지만 그래도 오래 살고 싶은 것이 인간의 소박하고 본능적인 욕망일 것이다.

하지만 부귀영화를 누리면서 장수하고자 불로초를 달여 먹었던 진시황도 영원한 삶을 살지는 못했다.

언제 이 세상을 떠날지 모르는 불확실성이 속세의 삶에 대한

애착으로 승화되어 오래 살고자 하는 집념으로 나타나는 것은 아닐까 싶다.

　인간의 욕망이 그럴진데 죽음을 눈앞에 두고 시한부 생명을 살고 있는 사람들의 심정은 어떠할까?

　"어차피 한번 태어나면 언젠가는 가야할 인생이기에"라는 생각으로 담담하고 초연하게 죽음을 맞이할 수 있을까? 절대 그렇지 않을 것이다.

　필자도 지난 05년 1월 18일 아이가 강원도 철원 최전방에서 군 복무 중 불의의 사고를 당해 목숨을 잃어 가슴에 품고 살고 있다.

　사고 후 목숨이 멎어질 때까지 4시간 아이가 겪었을 고통을 생각하면 지금도 억장이 무너진다. 서서히 다가오는 죽음의 공포 앞에서 얼마나 두렵고 고통스러웠을까?

　사랑하는 가족 곁으로 돌아가야 한다고 얼마나 처절하게 몸부림쳤을까?

　먼저 이 세상을 떠나면 할머니, 엄마, 아빠 그리고 귀여운 동생 민정이는 어찌하고…

　군 생활 무사히 마치고 사랑하는 가족 품으로 돌아갈 거라고 굳게 약속했는데…

마지막 순간까지 이런 독백을 수없이 되뇌었을 아이 생각하면 가슴이 미어져 온다. 차라리 사고 즉시 저 세상으로 떠났다면 이렇게 가슴이 아프지는 않을텐데…

주변을 돌아보면 의학적 사형 선고를 받고 시한부 삶을 살아가는 많은 이들이 있다.
그들이 앞으로 닥쳐올 죽음의 두려움으로부터 벗어나 하늘나라의 아름다운 삶만을 외경하는 편안한 마음이었으면 얼마나 좋을까!
그런 마음이 죽음을 준비하는 자의 올바른 마음가짐이 아닐까 싶다.

나에게도 이 세상을 떠나야 하는 시점이 언젠가는 올 것이다. 그때 아이가 4시간여 동안 느꼈을 죽음에 대한 두려움의 참 의미를 되새기며, 아름다운 죽음으로 승화시킬 수 있도록 뜻스러운 호스피스운동에 적극 동참하겠다는 마음을 다져 본다.

내 고향 퇴촌 예찬

며칠 전 평소 존경하는 고향 선배님으로부터 삭령 최씨 종부 47호에 게재할 원고 청탁 전화를 받았다.

찾아뵙지는 못하더라도 가끔씩 전화 연락이라도 드려야 할 소중한 선배임에도 불구하고 사는 게 뭐 그리 바쁜지 소식도 전하지 못하던 차에 선배님의 전화를 받고 송구스러웠던 기억이 떠오른다. 옛날이나 지금이나 변함없으신 선배님의 카랑카랑한 목소리를 들을 수 있었기에 잠시나마 어린 시절의 고향을 떠올릴 수 있는 기회를 가질 수 있었다.

선배님의 지엄하신(?) 분부가 계셨기에 "예, 알겠습니다"라고 덜컥 대답은 했지만 막상 어떤 주제의 글이 가장 어울릴 수 있을까 하는 한참의 망설임 끝에, 광주의 성씨(삭령 최씨 포함)와 집성촌에 관한 이야기와 물 좋고 산수 좋은 내 고향 퇴촌을 이야기하기로 했다.

광주를 본향으로 하는 성씨를 지역적으로 살펴보면 중부면 불당리와 오포읍 능평리를 중심으로 한 경주 김씨, 광주시 전역에 산재해 있는 김해 김씨 등이 있다. 또한, 경안동 직리의 의령 남씨, 남종면 귀여리의 청풍 김씨, 경안동 탄벌리를 중심으로 밀양 박씨, 중부면 상하번천리의 경주 손씨, 초월읍 신월리의 여흥 민씨가 있다.

효령대군이 시조이신 전주 이씨의 본향인 초월면 쌍동리도 광주지역에서 빠질 수 없는 성씨와 집성촌 마을이다. 이렇듯 각기의 성씨들이 집성촌을 이루면서 대를 이어 조상의 혼과 함께 호흡하며 고향을 지키면서 아직도 농촌에서의 순박한 삶을 살아가고 있다.

또한 매년 시제를 지내는 10월이 되면 각자의 삶을 위해 경향 각지에 흩어졌던 자손들이 고향을 찾아 조상이 베풀어준 은덕恩德에 감사하는 예를 갖추며 주어진 삶에 순응하는 아름다운 풍습 또한 아직까지도 이어오고 있다. 비록 물질적인 풍요로운 삶은 아니지만 이웃간, 자손들간에 서로 아끼며 슬픈 일이 있을 때에는 함께 슬퍼하고, 좋은 일에는 더불어 기뻐하며 정답게 살았던 옛날이 오늘의 고단한 삶 보다는 훨씬 더 넉넉하지 않았나 싶다.

이러한 풍습은 세계 어느 나라에서도 찾아볼 수 없는 한국만이 가지고 있는 독특한 미풍양속으로 오래도록 계승되어져야 함에도 급격한 도시화와 핵가족화 등 세월의 변화 속에 하나 둘 잊혀져 가고 있는 것이 그저 안타까울 뿐이다.

이제 최경일 선배님과 나의 고향이기도 한 경기도 광주시 퇴촌면에 관해 이야기 해 보기로 하자.

지금은 2500백만 수도권시민의 젖줄인 팔당 상수원으로 이용되고 있는 팔당호가 소재한 지역이기도 한 퇴촌면의 경우 오리, 정지리, 도수리를 중심으로 한 순흥 안씨, 정지리를 중심으로 한 남원 양씨 등의 후손들이 아직도 고향을 지키면서 흙과 함께 살고 있다.

조선 개국에 공을 세워 판전중시사判殿中寺事에 올랐으며, 이어 판삼군부사·권행의정부사·판승추부사를 거쳐 영승추부사로 병조전서를 겸임했던 한양 조씨 조영무의 묘소가 소재하고 있는 지역이기도 하다. "퇴촌"이라는 지명도 관직에서 물러나 낙향, 조용하게 일생을 마쳤다는데서 유래되었다고 한다.

또한, 조선 세종시대 집현전 교리로서 성삼문, 박팽년, 신숙주

등과 함께 훈민정음 창제에 기여했을 뿐만 아니라 동국정운, 훈민정음해례의 한글 번역을 통하여 훈민정음 보급에도 앞장서 온 최항 선생을 빼 놓을 수 없을 것이다.

지금의 차관인 호조참판과 이조참판, 지금의 장관인 형조판서와 이조판서를 거쳐 조선시대 관직으로는 최고위직인 지금의 국무총리에 해당하는 3정승인 영의정과 좌의정 그리고 우의정까지 두루 섭렵한 모범 공직자임을 알고 있는 퇴촌 사람은 그리 많지 않을까 싶다. 매년 음력 10월 3일이 되면 최항 선생 묘소에서는 많은 후손들이 모여 그분을 기리는 시제를 지낸다.

초등학교 시절 시제 날이 되면 그 동네에 거주하는 삭령 최씨 친구들이 집단으로 등교하지 않아 다음날 이유를 물어보면 맛있는 음식을 먹기 위해 어쩔 수 없었다는 말을 했던 옛 친구들의 모습이 주마등처럼 떠오른다.

오늘날과 같이 변변한 간식이라고는 없었던 시절이었으니 일년에 단 한번 주어지는 진수성찬 기회를 어찌 놓칠 수가 있었으랴! 그때 느끼는 식도락의 즐거움을 어찌 오늘날의 지천에 널린 여타의 것과 비교할 수 있으랴!

과거에는 시제나 종중의 재산관리나 종친회 활동을 대대로 이어오는 종손 집에서 해왔으나 지금은 중중 사무국을 두고 행정적인 제반 일 처리를 함으로서 장손들의 번거로움은 상당부분 덜어지게 된 것 또한 사실이다. 이렇듯 예향이 살아 숨 쉬는 고장 내 고향 퇴촌은 수도 서울과 인접하고 있을 뿐만 아니라 자연경관 또한 수려해 도심 생활에 지친 많은 이들의 별장지로서도 각광을 받는 지역이기도 하다. 또한, 다양한 형태의 크고 작은 별장형 주택이 밀집되어 있어 찾아오는 이들에게 자연경관과 어우러진 환경친화적 주거공간을 감상할 수 있는 곳이다.

내 고향 퇴촌 이야기를 하면서 삭령 최씨 종중의 대소사를 총괄하시는 최경일 사무국장님의 이야기를 빠뜨릴 수 없다. 지금의 9급인 총무처 5급을류 공무원 시험에 합격, 고향인 광주시청에서 공직생활을 시작한 이래 오직 청렴하고 대쪽같이 꼿꼿한 자세로 30년간의 공직을 명예롭게 마무리하신 훌륭한 선배 중의 한 분이다.

비록 오래전 일이기는 하나 자식을 먼저 가슴에 묻는 아픔을 겪었지만 슬기롭게 극복, 담대하게 살아가시는 모습에, 4년 전 같은 아픔을 경험한 필자로서도 앞으로의 삶의 모습이 어떠해야 할지 다시 한번 생각하게 한다.

나이 50살을 넘어 인생의 반환점을 돌아가는 시점에 고향은 내 삶 그 자체일 수 밖에 없다. 순박하고 티 없이 맑았던 어린 시절의 추억을 떠올릴 수 있는 고향이 있다는 사실이 내가 살아있다는 반증이기 때문이다.

이제, 비록 바쁘고 쪼들린 도심 속에서의 삶이지만 고향을 지키고 사는 옛 친구들을 찾아가 소주라도 한잔 기울이면서 다시금 고향의 의미를 반추反芻하는 시간을 자주 가져야겠다.

섬집 아기

매년 5월이 되면 떠오르는 은사님이 있다. 고향인 경기도 광주시 퇴촌면에 소재한 초등학교 4학년 시절 담임 선생님이 바로 그분이다. 수업을 위해 교실에 들어오면 몇 분간은 꼭 멍하니 창문 밖을 응시하면서 우수에 잠겨계셨던 선생님.

나중에 안 사실이지만 사모님을 먼저 저 세상으로 보내시고 힘들어하셨던 것이었다. 가장 잊지 못하는 것은 음악 시간이다.

수업시간 내내 〈섬집 아기〉만을 주로 가르쳐 주셨던 기억이 난다. 선생님이 풍금으로 연주할 수 있는 곡이 그게 전부였기 때문이다.

지금이야 교육대학이 있지만, 60~70년대만 해도 교원이 절대 부족하였고 체계적인 교원 양성 또한 불가했기에 교대 출신이 아니어도 짧은 기간 최소한의 교육 이수 후 현장에 투입되었기 때문에 벌어진 현상이었다.

풍금으로의 연주는 그렇다 치고 선생님께서 들려주는 가사가 참으로 서정적이고 어느 한적한 바닷가 마을의 정겨운 풍경이 자연스럽게 그려지곤 했다.

> 엄마가 섬 그늘에 굴 따러 가면 아기가 혼자 남아
> 집을 보다가 바다가 불러주는 자장노래에
> 팔 베고 스르르 잠이 듭니다~

어쩔 수 없이 갓난아기를 남겨 두고 굴을 따러 가는 가엾은 엄마의 모습을 떠올리면 가슴이 아련해진다. 굴 바구니를 가득 채우고 귀가해야 함에도 아이 걱정에 다 채우지 못하고 모랫길을 달려오는 모습은 어린 마음에도 얼마나 안쓰럽게 느껴졌던지…

5월은 가정의 달이다.

나라의 백년대계를 책임질 아이들을 위한 '어린이날'도 있고, 낳아주고 길러 주신 부모님께 감사하는 '어버이날'도 있다. 스승의 은혜를 감사하고 기리는 '스승의 날'도 있다.

비록 한 곡 밖에 풍금연주가 가능했던 선생님께서 50년 전에 들려주셨던 〈섬집 아기〉는 어린 시절을 반추할 수 있는 아름다운 추억으로 남아있다.

    가정의 달을 맞이하면서 새삼 지금은 이 세상에 계시지 않는 그 선생님이 뵙고 싶어지는 것은 어떤 연유에서일까?

나누는 것의 즐거움

2005년 3월 12일.

사랑했던 가족과 세상 사람들과 함께 했던 23년 6개월의 시간을 뒤로하고 국립대전현충원 안장을 끝으로 아이는 영면에 들어갔다.

얼마 후 우리 부부는 현충일을 며칠 앞두고 아이가 다녔던 모교의 학과장님을 찾아갔다. 아이 상喪 중에 도와주신 교수님과 학생들에게 감사 인사를 전하기 위함이었지만 사실은 장학금을 전달하기 위해서였다.

견디기 힘든 아픔이었지만 국가로부터 받은 순직위로금을 의미 있게 사용해야 한다는 간절함과 천상의 아이를 생각하는 마지막 일이라는 생각에서였다.

어렵게 학업에 정진하는 후배들에게 장학금 전달의 뜻을 전하자, 공직 신분으로 적지 않은 금액인데 받을 수 없다며 단호하게 거절했다.

당장 자식 잃은 안타까운 심정을 이해하지만 지금은 아니라며 일 년이 지나도 그 마음이 변치 않는다면 그때에는 고려해 보겠다고 했다.

세월이 흘러도 바뀔 일은 없다는 우리 부부의 간절한 부탁에 2천만 원의 장학금을 전달하면서 아이 이름을 딴 '정현 장학금'으로 해 달라고 했다.

2006년부터 2015년까지 10년간 20명의 학생들이 신성한 국방의 의무를 수행하다 순직한 사랑하는 아들의 넋을 기리는 장학금의 혜택을 받았다.

수혜 학생들이 졸업 후 취업을 하고 결혼식 주례 부탁을 받았을 때 '참 좋은 일을 했구나' 하는 마음에 가슴 뭉클했던 기억도 있다.

한 학기 100만 원의 적은 금액이었음에도 졸업 후 직업 전선에서 열심히 살아가고 있는 소식을 전해 줄 때면 더욱 더 안타까움을 어찌할 수 없다.

2학년 1학기를 마치고 군 입대 후 순직한 것을 안타깝게 여기신 당시 총장님의 배려로 명예졸업장도 받게 되었다.

당연히 당사자가 받아야 할 졸업장이건만 우리 부부가 대신 받을 수밖에 없었다. 아이가 직접 졸업장을 받았으면 얼마나 기쁘고 좋아했을까…

아이가 다니던 모교 강의동 앞에는 '정현수'라고 이름 붙여진 주목과 함께 세워진 자그마한 추모비에는 다음과 같은 글귀가 새겨져 있다.

    故 김정현 학우와 함께 했던
    소중한 시간을 그리워하며
    당신을 오랫동안 기억하려 합니다.
    2016. 7. 8 경기대학교 일어일문학과 학우 일동

그리고 2016년 1월 또 다시 아이 모교를 방문했다.

40년간 공직을 끝내면서 받은 명예퇴직금과, 틈틈이 써 놓았던 글을 모아 아이 10주기 추모 출판기념회 수익금 2천만 원을 2차로 전달하기 위해서였다. 2006년부터 1차로 전달한 지 10년 만에 같은 방법으로 매년 2명씩 2026년까지 20명의 학생들이 장학금을 수여받게 될 것이다.

연말연시나 힘들고 어려운 일들 당할 때면 우리는 나눔의 실천을 강조한다.

흔히, '나눈다는 말'은 쓸 돈 쓰고 남는 돈이 있을 때 나누는 것으로 알고 있다. 하지만, 나눌 '分' 자의 한자 뜻은 '많고 적음'에 관계없이 있는 그대로를 나눈다는 의미라고 한다. 그러기에 경제적 여유가 있을 때 가능한 일로 여기면 나눔을 실천하기란 그리 쉽지 않다.

두 차례에 걸쳐 4천만 원을 아이 모교에 기부한 것은 경제적 여유가 있어서 실행에 옮길 수 있었던 것은 결코 아니었다.

국가를 부름을 받고 군에 입대 후 순직한 순직 위로금으로 받은 돈이기에 개인적으로 써서는 안 된다는 강한 신념과 값어치 있게 쓰이기를 바라는 간절한 마음으로 내린 결론이었다.

요즈음 '재능기부'라는 말도 많이 한다.

나눔의 실천은 물질만으로 실천하는 것이 아니라는 것을 의미하기도 한다.

필자의 경우 특별한 사유로 물질적 기부에 참여하게 되었지만, 퇴직 후 귀향해, '재능 기부'라는 또 다른 방법을 통해 기부문화 확산을 실천하고 있다.

일본 유학 등을 통해 습득한 일본어로 관내 노인복지회관에서 초·중급반 50여 명의 어르신들에게 일본어 강사로서 재능기부에 동참하고 있다.

코로나19로 인해 중단된 상태지만 팔십을 훨씬 넘기신 분들의 안부 전화를 받을 때 느끼는 희열은 말로 형언할 수 없다. 이런 저런 사정으로 학교를 중퇴한 청소년을 위한 검정고시반에서 사회 과목을 가르치는 재능기부 또한 보람과 더불어 삶의 활력소가 되기에 충분하다.

자본주의 경제가 발전하면 할수록 부의 편중 현상은 나타나게 마련이다.

부의 불균형 해소를 통해 국민의 삶의 질 향상에 기여하는 것이 국가의 책무임에는 두말할 나위가 없다. 궁핍, 결핍의 문제는 국가가 해결해야 할 몫이기는 하지만, 민간 영역에서도 일정 부분 담당해야 하는 거버넌스 시대를 우리는 살고 있다.

보다 더 따뜻하고 훈훈한 사회로 나아가기 위해서는 종교나 사회 및 구호 단체 등 각급 단체의 참여도 중요하지만, 재능기부와 같이 시민 개개인의 참여가 더 감동을 줄 수 있다는 사실을 간과해서는 안 될 것이다.

'물질적 기부'와 더불어 다양한 방법의 '재능기부'를 통해 참 나눔을 실천하는 것이야말로 밝고 정의로운 사회로 가는 첩경이 아닐까?

아버지와 술

"엄마 어디 갔어? 또 교회 갔겠지." 하루가 멀다 하고 만취되어 들어오시며 우리 4남매를 향해 토해내는 아버지의 첫 일성(?)이다. "그까짓 예수님이 밥 먹여 주냐?"라며 엄마를 당장 찾아오라는 것이었다. 몸도 제대로 가누지 못하는 상황에서도 집에서 그리 멀지 않은 교회를 찾아가 한바탕 소란을 피우는 경우도 많았다. 술에 취하면 인사불성인 아버지이지만 착한 성품의 소유자라는 걸 자식인 나는 잘 안다. 술을 드시지 않으면 입에서 단내가 날 정도로 말을 하지 않는 분이셨다. 늘 고주망태였던 나의 아버지. 도대체 어떤 이유로 그렇게 술을 많이 마셨을까. 나이 칠십을 바라보는 요즈음 아버지의 마음을 헤아려 본다.

가난의 굴레는 벗어날 수 없다는 체념의 마음으로 폭음을 하신 것은 아닐까 하는 생각. 아무리 열심히 일을 해도 도무지 나아질 기미가 보이지 않는 것에 대한 탄식의 마음도 있었을 것이라고 지금에 와서 짐작해 본다. 한편으로는 '가난'이라는 것을 세상의 탓으로 돌리려는 마음이 바닥에 깔려있지 않았을까 한다. 제대로 배운 것 없고, 부모 잘 만나 경제적 여유를 가질 수 있는 것도 아니기에 자포자기 심정으로 술에 의존한 삶이 아니었을까. "그까짓 예수가 밥 먹여 주나?"라는 말과 함께 "예수님을 믿느니 차라리 내 주먹을 믿는 게 더 낫다"라는 말을 자주 하곤 했던 것은 삶에 대한 처절한 좌절의 마음을 술로 해결하려는 고육지책이었을 것이라는 추측을 해 본다.

아버지의 술주정이 극에 달할 때면 돌발 상황을 피하기 위해 집 밖으로 나가 술이 깰 때까지 초조하게 기다렸던 아픈 기억도 있다. 날씨가 따뜻한 계절에는 그렇다 치고 오동지 섣달 혹한의 추위를 밖에서 견딘다는 건 당시에는 지옥이었다. 혼자 떠들다 스스로 잠이 드신 것을 확인한 후에야 집 안으로 들어갈 수 있었던 어린 시절을 떠올리려니 가슴이 저려온다.

술은 왜 마시는 걸까? 인터넷을 검색하니 '건강상으로는 하등 도움이 될 것이 없는 식품'이라고 설명한다. 술 자체의 맛으로 마시는 사람이 있고, 기분 내려고 또는 술자리 분위기를 즐기기 위해 마시기도 한다고 술을 마시는 이유를 설명하기도 한다. 건강에는 백해무익百害無益이라고 하지만 술을 통해 보다 유연한 대인관계를 유지하기 위한 방법으로 이용되는 것은 분명하다. 특별히 내성적인 사람의 경우 온전한 정신으로 쉽게 꺼내기 어려운 말을 취기醉氣를 이용, 본심을 전하고자 하는 이른바 취중진담醉中眞談의 정신으로 말이다. 물론 요즈음의 세태에 그대로 적용시키는 것은 무리가 있는 것은 분명하다.

1970년대까지만 해도 남자들이 군 입대하면 신병으로서 고참병 앞에서 술을 마셔야 하는 이른바 '신고식'이라는 게 있었다. 대부분의 남자들은 이때부터 술이라는 걸 접하고 술을 가까이 하기 시작한다. 아버지의 혹독한 경험(?)이 있었기에 절대 술을 마시지 않겠노라고 다짐했던 터라 고참병의 지엄한(?) 지시에도 한 방울도 마시지 않아 곤욕을 치렀던 추억도 있다. 군 제대 후 공직 생활을 하면서 어쩔 수 없이 술을 마시게 되었고 지나치게 많이 마실 때도 있지만 귀가 후에는 말없이 잠자리에 드는 습관을 가지게 된 것은 아버지의 전철을 밟지 않아야겠다는 어린 시절 다짐이 있었기 때문이다. 가난의 굴레를 벗어나려 혼신을 다했지만 뜻대로 되지 않아 술에 의존해 방황했던 아버지의 고단했던 삶.

  비록 방법은 온당치 못했을지라도 순수하고 심성 착한 분으로 세상 사람들에게 기억되고 있는 것만은 사실이다. 지금 세상에 안 계시지만 그런 아버지의 삶을 보면서 살아나가야 할 방향을 잡게 해 준 고마운 아버지다. 그런 의미에서 아버지를 흉보는 것일 수도 있지만 존경의 의미를 담는 것이기도 하다.

  '차라리 내 주먹을 믿는다'라는 말의 의미는 그만큼 살기 힘들고 어려웠던 1960~70년대 처절했던 절대 빈곤시대 우리들의 자화상이었음을 반증하는 표현이라는 생각을 해 본다. 인생 황혼기를 살아가는 요즈음 어릴 때 가졌던 한없는 미움보다는 그럴 수밖에 없었던 아버지의 삶에 측은지심이 느껴지는 것은 왜일까.

40년을 호칭으로

호칭으로 살아 온 40년

'이름'이라는 말의 사전적 의미를 찾아보았다.

'사람의 성姓 뒤에 붙여, 그 사람을 다른 사람과 구별하여 부르는 명칭 또는 호칭'이라고 쓰여 있다.

태어나면서 누구에게나 붙여지는 것으로 동명이인도 있지만 평생 동안 자신을 대표하는 호칭이다. 죽어도 공부상 영원한 가족 구성원의 일원으로서 흔적이 남게 된다.

그런가 하면 사회 구성원으로 활동하는 과정에서 인위적으로 붙여진 호칭도 있으니 팀장, 과장, 부장, 국장 등이 바로 그것이다.

나도 예외는 아니어서 태어날 때 부모님께서 지어주신 이름

'한섭'으로 지어진 이래 38년 7개월의 공직을 경험하면서 이름과는 별개의 직급들과 함께 했다.

계급을 바탕으로 하는 공직 특성상 1급에서 9급으로 구분하는데 흔히 '직급'이라고 칭하기도 한다.

'서기보(9급), 서기(8급), 주사보(7급), 주사(6급), 사무관(5급), 서기관(4급), 부이사관(3급), 이사관(2급), 관리관(1급)'으로 불리기도 한다.

직급과 더불어 승진 과정을 거치면서 붙여지는 호칭이 있으니 국장, 과장, 팀장 등 바로 '직위'다.

77년 5월 처음 공직에 들어올 당시 직급은 9급이었지만, 6급 호칭인 '김 주사'로 불렀다. '9급 서기보'임에도 6급에 해당하는 '주사'라고 불려주었으니 무려 3단계를 올려 불러주니 싫지는 않았다.

내가 근무했던 경기도청의 경우 9급에서 6급까지는 직위가 부여되지 않는다. 이를테면 직위가 없는 '직원'이고 5급이 되면서부터 '직위'가 부여되니 이른바 '장' 자가 붙게 되는 것이다.

5급(사무관)이 되면 드디어 '계장'(지금의 팀장)의 직위가 부여된다. 이름보다는 아무개 팀장으로 불리는 것은 당연한 일이다. 그리고 일정 기간이 경과하고 근무 성적이 좋아지면 '과장'이 되고 직급으로는 4급, 서기관이다. 국제통상과장, 특별사법경찰과장, 총무과장 등 여러 과장의 호칭으로 조직 내에서는 물론이고 조직 밖에서도 그렇게 불렀다.

 수도권 시민들에게 맑고 깨끗한 물을 공급해 주는 일을 주 업무로 하는 부서에서는 수자원본부장, 명예퇴직 후 공공기관에 근무할 때에는 경영관리본부장으로 살았다.
 공직을 오래 하다 보니 부시장, 부군수, 거기에다 시장 부재 시 시장 권한대행이라는 호칭으로, 퇴직 후에는 문인협회 회장이라는 과분한 직위도 갖게 되었다.
 결국, 태어날 때 부모님께서 지어주신 '한섭' 이름보다는 직장 내에서 붙여진 인위적 직위로 40년을 살았다. 한 인간에게 성공이라는 잣대로 포장될 수도 있지만 조직에서 부여된 업무 수행을 위한 꼭두각시의 삶은 아닐까 하는 생각을 해 보기도 한다.

 '호사유피 인사유명 虎死遺皮 人死遺名'이라는 말이 있다.
 호랑이는 죽어서 가죽을 남기고 사람은 죽어서 이름을 남긴다는 말이다.

출세와 성공은 모든 인간이 바라는 바일 수 있다. 현재의 삶이 힘들고 고달플 때도 있지만, 멋진 미래를 위해 심기일전하며 살아가는 게 인간의 본성일 수도 있다.

의미를 곱씹어 보면 주어진 직위를 후세 사람들에게 남기는 것도 중요하지만, 바람직한 행동을 통해 사회에 기여하는 사람으로 뭇 사람들에게 기억되어야 한다는 의미도 분명히 있다.

예로부터 고관대작의 큰 벼슬 갖는 것을 성공의 기준으로 여겨왔던 시대가 있었다. 성공이라는 목적 달성을 위해 얄팍한 수단을 동원해 그 자리에 오르기 위해 발버둥(?)칠 수밖에 없었던 것도 부인할 수 없지만 말이다.

과거에 주어졌던 직위가 인간관계를 더 불편하게 할 수도 있다. 오히려 행동이 부자연스러울 수도 있다. 과거에 OO까지 한 사람이 이런 말을 하면 타인이 어떻게 생각할까 하는 자격지심에 원활한 의사소통이 잘 안 되는 경우도 있다. 하지만 지나치게 자기 과시를 하게 되면 정반대의 결과로 나타날 수 있음은 두말할 나위가 없다.

많은 사람들이 패이스북을 통해 새로운 정보와 평소 만나지 못하는 지인들의 근황도 알게 되어 자주 이용하곤 했지만 얼마 전부터 일체 들어가지 않는다. 이름 뒤에 적어 넣었던 OO대학교 특임교수, 前부시장, 前부군수 직위도 모두 지워 버렸다. 오직 나의 성性과 이름인 '김한섭' 만이 있을 뿐이다.

과거에 주어졌던 직위는 당시에는 활용되었을지 모르지만 과거의 직위가 지금의 나는 아니다. 과거 호칭에 연연한 삶에 박수 칠 사람은 아무도 없기 때문이다. 과거의 시간을 그리워하지 말고, 현재의 내 삶에 감사하는 마음. 과거의 사람보다는 지금 만나고 있는 좋은 이웃들과 함께하는 것이 현명한 삶이라는 걸 믿어 의심치 않는다.

공자가 설파했듯이 인생 100세 시대에는 이런 삶이면 족하지 아닐까?

學而時習之 不亦說乎 배우고 때때로 그것을 익히면 즐겁지 아니한가!

有朋自遠方來 不亦樂乎 친구가 먼 곳으로부터 오면 또한 즐겁지 아니한가!

人不知而不慍 不亦君子乎 남들이 알아주지 않더라도 성내지 않는다면 또한 군자 답지 아니한가!

선가후공先家後公

솔직히 공직에 있는 동안 퇴직을 한다는 것은 남의 이야기, 나와는 상관없는 일로만 여겼었다. 오지 않을 먼 훗날의 이야기로 간과해 버린 것이다. 하지만 처음부터 노인이 아니라, 나이를 먹으면 노인이 된다는 평범한 진리를 깨닫지 못하고 살아온 시간이 아니었나 싶다.

경기도 광주에서 태어나 고교를 갓 졸업하고 시작된 38년 7개월간의 긴 여정이 어느 날 갑자기 끝나버렸기 때문이다. 인간의 마음이 만개라서 만감이라고 한다는데 "만감이 교차한다"는 말 이외에 달리 표현할 방법이 없음을 어찌하랴!

기관장의 부재로 어려운 시기에 권한대행을 수행하면서 900여 명의 공직자와 더불어 조직 화합과 사분오열된 지역을 안정시키는 데 최선을 다했던 포천시에서의 마지막 공직이 특별히 기억에 남는다.

명예퇴임식 다음 날 "재임기간 난 행복했다, 시민들 아쉬워해"라는 제목의 지역 언론사 1면 기사를 보면서 고단한 10개월간이었지만 결코 무의미한 시간이 아니었음을 자위해 본다.

K 디자인 빌리지 사업 7천억 포천 유치, 제62회 경기도체육대회의 차질 없는 준비 등을 통해 포천지역 발전에 진력한 것 또한 잊을 수 없다. 하루에도 8~10개의 빡빡한 일정을 소화했던 기억들.

토, 일요일도 없이 24시간을 동분서주하는 모습에 동료뿐만 아니라, 의원을 비롯한 지역 기관장 및 지역 어른들께서도 안타까워했고 건강을 염려해 주었던 많은 분들을 결코 잊을 수 없다.

비록 공직은 떠났지만 16만 포천시민들의 따뜻한 사랑은 살아가는 내내 내 마음속에 살아있을 것이다.

국무총리까지 오르셨던 어떤 분이 고시에 합격했을 때 아버님께서 3가지를 조심하라는 당부를 했다고 한다.

누구 라인(사람) 소리 듣지 마라! 술 잘 먹는다는 소리 듣지 마라! 남의 돈 받지 마라!

첫 번째와 두 번째는 별로 인 것 같고 세 번째인 청렴을 삶의 좌우명으로 삼았기에 명예롭게 공직을 마칠 수 있지 않았나 싶다. 아쉬운 마음 한편으로 후련한 마음이 드는 것은 그런 이유에서일 것이다.

무엇보다도 가슴 아픈 기억은 군에 보낸 지 4개월 18일째인 2005년 1월 자식을 저 세상으로 보낸 것이다.

한때는 삶 자체를 포기하고 싶을 때도 있었지만 주위 분들의 위로와 격려가 그래도 살아야 한다는 마음가짐을 갖게 해 주었음은 두말할 나위가 없다.

"私"보다는 "公"이 우선이라는 선공후사先公後私의 마음가짐이었기에 시장권한대행이라는 과분한 직책도 대과 없이 수행할 수 있었다.

5월 가정의 달이 다가온다.

영어 FAMILY가 Father And Mother I Love You의 약자라면서 아들이 군에서 마지막으로 우리 가족에게 보내 준 편지의 의미를 다시금 음미해 본다.

선공후사先公後私의 자세로 38년 78개월을 지나왔다고 자임하면서 선가후공先家後公의 의미도 되새겨 보는 것은 어떨까 싶다.
가정의 평화를 통해서만 '가화만사성'이 가능하다는 평범한 진리를 깨닫는 5월 가정의 달이 되었으면 하는 바람이다.
그렇게 될 때, 비로소 직장도 건강해질 수 있고 사회와 더 나아가서 국가도 발전할 수 있음은 자명한 일이기 때문이다.

카리스마의 본질은 '부드러움'이다

'친구 따라 강남 간다'라는 말이 있다. 공무원 공채 시험이 있으니 함께 응시해 보자는 친구 권유에 따라 5급 을류(지금의 9급) 공무원 시험에 합격, 1977년 5월 14일 공직 생활을 시작해, 2016년 6월 30일 퇴직했다. 장장 40년 1개월.

재미있는 것은 공무원 시험이 있는 것도 모르는 나에게 공무원 시험을 권유, 함께 응시했던 친구는 합격하지 못해, 지금도 미안한 마음을 가지고 있다.

고교를 갓 졸업하자마자 20세에 시작된 공직 첫 발령지는 면사무소였다.

주민 삶의 질 향상을 위한 각종 인문학 강좌가 이루어지는 요즘과 다르게 70년대만 해도 지방행정은 먹고 사는 문제 해결에 모든 행정력이 집중되던 시기였다.

수확량이 적음에도 맛이 좋은 일반 벼 심기를 선호하던 농가에 수확량이 월등히 높은 통일벼 재배를 독려하던 시절이다.

"쌀 없으면 라면 먹으면 되지"라는 요즘 젊은이들의 생각에 씁쓸함도 느끼지만, 박봉에도 공직을 천직으로 알고 열심히 일했던 공직자가 있었기에 가능한 일이었음은 두말할 나위가 없다.

고향인 경기도 광주군청 재직 중 경기도청 전입시험을 거쳐 1,300만 경기도민의 삶의 질 향상을 위한 30년 공직은 인생 1모작의 황금기였다.

91년 지방의회가 재구성되고 김영삼 대통령의 호주 시드니선언을 계기로 지방의 세계화를 부르짖던 시절, 경기도와 자매결연 관계에 있던 일본 가나가와현 파견 근무를 시작으로 국제 교류와 해외 통상 관련 업무를 담당하며 40여 국을 종횡무진 발로 뛴 역동의 시간이었다.

특별사법경찰과장 재직 時 농산물 원산지 표시위반 등 특정 업무에 대해, 수사권을 부여받아 민생안전을 위한 법과 정의 실현에 최선을 다했던 시간들은 먹거리 안전을 위한 공직자 역할의 중요성을 인식하는 계기이기도 했다.

9급으로 시작된 공직, 사무관과 서기관을 거쳐 기초자치단체의 부단체장 경험은 바람직한 리더십이 무엇인가를 고민해 볼 수 있는 귀한 기회였다.

인간관계에 있어서 리더십 또는 카리스마는 결코 위로부터 나오는 것이 아니라, 아래로부터 나오는 것이라는 걸 깨닫는 시간이기도 했다. 현장에서의 생생한 경험들은 모교에서 행정학을 강의할 수 있는 원동력이 되었음은 부인할 수 없다.

30년만의 귀향을 통해 지역 사회 구성원으로서 다양한 활동이 가능한 것 또한 그간의 공직 경험에서 얻어진 아래로부터의 의사소통 방식이 그 밑바탕이 되었음은 두말할 나위가 없다.

가끔은 듣기 싫기도 했지만 공직 생활 내내, 아니 지금도 솔직히 착하다는 말을 많이 들어 왔다. 어떤 때는 좋은 의미로 들리기도 했지만 지나치게 유약하고 카리스마가 부족한 사람으로 비춰지기도 해 마음이 편치 않았던 시절이 있었다.

조직 생활에서 카리스마는 과연 어떤 의미일까?

인터넷을 검색하니 '많은 사람을 휘어잡거나 심복하게 하는 능력이나 자질'이라고 적혀 있다.

  종교적으로는 '신이 사랑으로 베푸는 은총 또는 일반적으로 대가나 보상이 요구되지 않는, 이를테면 다시 거두어 가지 않는 하느(나)님의 선물 전체, 혹은 예수께서 인간에게 베푸는 은총의 선물을 뜻한다'라고 한다.

  본래 종교적인 의미였으나 요즈음은 지도자가 일반 대중의 지지나 후원을 얻는 비범한 정신력과 권위, 곧 지배자의 초자연적 특성을 말하는 정치적 의미로 변질되었다고 한다. 물리적인 힘에 의해 지배 복종 관계를 유지하게 하는 힘을 의미할 것이다. 그것만이 카리스마의 본질일까?

  경기도청 근무 시절 이야기다.

  광역자치단체인 경기도의 행정 업무는 시군에서의 기본적 통계자료 또는 시군의 의견을 얼마나 빨리 36개 시군으로부터 취합하느냐가 일을 잘하는 척도로 작용되던 시절이었다. 시군 담당자가 기일을 잘 지키는 경우도 있지만 지나칠 정도의 채근과 독촉을 하지 않으면 지정된 기일 내 보고서 취합은 불가능하다. 남한테 싫은 소리 못하고 상대방의 처분만 바라는 성격 탓에 보고서가 늦게 취합되어 상사에게 꾸지람도 받았던 기억하고 싶지 않은 추억(?)도 많이 있다.

40년 공직을 거치면서 많은 상사들의 다양한 업무 스타일을 목격했다.

때로는 지나칠 정도 과격한 상사를 만나, 공직을 그만둘 정도의 상처를 받은 경험도 솔직히 여러 차례 있었다.

하지만, 상대방을 이해하고 배려하는 마음과 부하 직원들에게는 강압적이기보다는 해야 하는 당위성을 충분히 설명하고 설득해 나가는 방법으로 문제 해결에 주력했던 상사들이 오히려 많았다.

공직 생활에서 카리스마는 과연 어떤 의미일까를 생각해 보았다.

9급 말단 공무원으로 시작해 부시장의 직책까지 수행할 수 있었던 것은 사전적인 의미의 '강한 이미지의 카리스마'만으로 얻어진 결과는 결코 아니라는 생각을 하게 된다. 물론 능력에 비해 인덕人德과 관운官運이 있었기에 고위 공직에까지 오를 수 있었음은 두말할 나위가 없다.

하지만, 하지만 말이다.

지금까지 나를 지탱해 온 카리스마의 원천은 '강함' 보다는

'부드러움' 즉, '부드러운 카리스마' 덕분이라고 하면 지나친 자화자찬일까?

나도 때로는 건방지고 싶다

'저수하심低首下心'이란 말이 있다. "머리를 낮추고 마음을 아래로 향하게 하다"라는 말로 머리 숙여 진심으로 복종한다는 의미이다.

최순실 게이트로 온 나라가 패닉상태인 가운데 얼마 전 청와대 민정수석이 검찰 청사를 들어가면서 한 기자를 향해 눈을 부라리는 모습이 TV에 비쳐졌다. 무소불위 권력으로 온 나라를 떠들썩하게 했던 책임자가 국민이 지켜보는 가운데에서 한 방자한(?) 행동에 많은 이들의 공분을 샀다. 반성은커녕 건방진 모습의 행동을 우리는 어떻게 봐야 할까?

우리는 늘 자기의 생각을 다른 사람에게 전달하고 주장을 펴면서 살아가지만, 자신과 다른 생각의 사람을 설득한다는 게 그리 쉬운 일은 아니다. 자기의 주장만 과다하게 내세우다 보면 상대로 하여금 건방진 모습으로 비쳐질 수도 있다. 하지만 인간의 기본 심성이 건방지다면 그건 이야기가 달라진다.

세월호 사태 수습을 위해 국무총리 후보자로 지명되었던 분이 전관예우 문제로 후보직을 사퇴하면서 "내가 젊었을 때 너무 건방졌던 것 같다"고 고백했던 기사가 떠오른다.

1930년대 뉴딜정책을 통해 대공황을 극복했고 제2차 세계대전의 연합국 지도자로 세계 평화에 기여한 미국 프랭클린 루스벨트대통령에 관한 일화도 가슴에 와 닿는다.

어느 날 루스벨트는 평소 존경하는 선배의 집을 찾았다고 한다. 집 안을 들어서려는데 문이 너무 낮아 고개를 숙이고 들어갔는데도 그만 머리를 부딪치고 말았다. 화가 난 루스벨트가 낮은 문을 탓하자, 선배는 이렇게 대답했다고 한다. 비록 아프기는 하겠지만 교만하지 말고 언제나 '저수하심低首下心'의 삶을 살아야 한다는 것을 깨닫는 계기가 되기를 바라네. 겸양지덕謙讓之德의 절실함을 설파한 말이 아닌가 싶다.

　오동지 설한풍雪寒風에도 아랫바지 주머니에 손을 넣지 않는 습관이 나에게는 있다. 그렇게까지 할 필요가 있느냐고 반문할지 모르지만 상대방에게 건방지다는 모습으로 보일까봐서이다.

　알면서도 모르는 체, 모르니까 모른다고 하는 겸양과 솔직함이 때로는 나를 이해해 주지 않는다는 생각에 상대방이 서운함으로 다가올 때도 있다. 그럴 때면 나도 건방지고 싶을 때가 있다. 나 자신의 존재를 좀 더 알리고 싶은 충동을 느낄 때도 있다. 그럼에도 불구하고 겸양지덕을 실천하는 삶의 연속이어야 함은 두말할 나위가 없다. 실속이나 실력도 없으면서 겉으로만 큰소리치며 허세를 부린다는 의미의 '빈 수레가 요란하다'는 말의 의미를 곱씹어 본다.

　어떻게 사는 게 바른 삶인지는 나는 잘 모른다. 하지만 건방진 것보다는 겸손함을, 싸가지 없는 사람보다는 싸가지 있는 사람으로 뭇 사람들에게 기억되고 싶을 뿐이다.

있을 때 잘해!

"정승집 개가 죽으면 문상객이 많지만 정승이 죽으면 문상객 발길이 뜸하다"라는 말을 자주 한다. 권력을 가졌을 때와 권력에서 물러났을 때 상대방이 대하는 태도가 사뭇 다르다는 것을 의미한다. 아마도 권력이 가지는 속성을 단적으로 표현하는 말임에 틀림없다.

물론 모든 사람들이 이러한 속성을 가지고 있다고 단언할 수는 없다. 하지만 대부분의 사람들이 권력을 가진 자 앞에서는 작아지고 고개를 숙일 수 밖에 없음을 부인할 수 없으리라!.

하지만 분명하게 기억하지 않으면 안 될 것이 상대방에 대해 가지고 있는 유무형의 우월한 힘("권력"이라는 말로 표현하기로 하자)은 "영원불멸하지 않는다"라는 것이다. 평생 천하를 호령

하며 살것 같았던 중국의 진시황도 영원히 권좌에 있지는 못했다.

연극인이면서 1년 2개월의 문화관광부장관을 역임했던 김아무개씨가 그 직에서 물러난 직후인 2007년 5월 백두산 여행을 갔을 때 한 중국 노인이 그에게 이런 말을 해 주었다고 한다.

이른바 "자아를 버리는 사업"을 하라는 의미로 버릴 '사捨'자를 써서 '사아공작捨我工作'이라는 네 글자 화두를 던져 주었다고 한다.

세속적인 명예나 편안함을 누렸던 껍데기를 버리고 다시 시작하라는 의미의 계시(?)로 받아들였다고 한다.

장관 재직 시 해외에 나갈 때에는 공항 귀빈실을 이용했고 좌석도 일등석이었지만 당시 여행은 좁은 이코노미석에 앉았다고 한다.

개인 비서는 물론 지시만 하면 모든 게 이루어지는 시스템에 익숙했던 그였지만 그 시절을 그리워하거나 향수에 젖기보다는 현재 상황에 순응하고자 노력했다고 한다. 더욱이 그 누구도 의식하지 않고 편안한 마음으로 여행의 즐거움을 만끽했다고 토로했다.

공직을 떠난 선배들과 함께 소주 한잔 기울일 때면 언제나 빠지지 않는 충고가 있다. 보통은 성실함과 인간관계의 중요성을 주문하기도 하지만 마지막으로 빠지지 않는 충고가 있다.

"현직에 있을 때 잘하라!"라는 이야기다.

현직에 있을 때 뭔가 잘 하지 못한 게 있는 것은 아닐까? 아니면 현직에 있을 때 뭔가 구린 구석이 있어서 그러는 걸까? '도대체 뭘 잘하라는 것이냐'라고 선배 앞에서 버릇없이 반문하면 이렇게 답을 준다. 칼자루 쥐었을 때 상대방 입장에 서서 생각하고 결정하라는 이야기다.

아직 현직에 있기에 그 분들이 우리에게 주고자 하는 메시지를 정확히 이해할 수는 없다. 하지만 좀 더 겸손하고 낮은 자세로 주어진 일에 최선을 다하라는 뜻임에 틀림 없다. 한편으로는 권력의 무상함을 우회적으로 표현한 의미심장한 말이기도 할 것이다.

또 하나 빠지지 않는 것이 있으니 퇴직 후 자기 삶에 대해 현직에 있을 때 고민해야 한다는 것이다.

토요일, 일요일도 없이 바쁘게 허둥지둥 보내는 현직에서의 삶이 전부인 것처럼 보내다가 막상 퇴직을 하고 집에 있다 보면 하루를 어떻게 보낼 것인가가 막막하다는 것이다. 하지만 솔직히 현직에 있으면서 퇴직 후를 걱정할 정도의 여유 있는 삶을 사는 사람은 그리 많지 않은 게 사실이다.

이웃 나라 일본에서는 남편이 퇴직하자마자 이혼하는 이른바 "퇴직 이혼"이 많다고 한다. 바쁜 업무를 핑계로 가정에 소홀해도 매월 갖다주는 월급이 있기에 불평불만을 잠재울 수 있지만 퇴직하면 그나마도 없어지기에 부인이 먼저 이혼을 요구한다고 한다.

현직에 있을 때 잘해야 한다는 평범한 진리를 깨닫지 못하고 뒤늦게 후회한들 무슨 소용이 있으랴!

앞에서의 예를 통하여 퇴직 후의 바람직한 삶이 무엇인가에 대한 몇 가지의 교훈을 얻을 수 있을 것이다.

우선 지위로 인하여 주어진 편안함에 집착하지 말아야 한다는 것이다. 장관으로서 누렸던 각종 특혜(?)를 그리워하거나 당시와 비교해 달라진 현재 상황이 비참하다고 낙담하지 말아야 할 것이다.

둘째로, 현직에 있을 때 퇴직 후의 삶을 준비하는 것이다. 현직에 있을 때에는 오직 일 밖에 모르다가 막상 퇴직을 하고 나면 변변한 취미 하나 없이 외롭고 쓸쓸하게 노년을 살아가는 선배들을 가끔씩 목격하게 된다.

문득, "글을 쓴다는 것은 평생 직업을 갖는 것"이라고 했던 한국 문인협회 OOO 부이사장의 이야기가 머리를 스친다.

지금 이 순간 이렇게 글을 쓸 수 있다는 게 얼마나 다행인지를…

아무튼 "있을 때 잘해라"라는 선배들의 명심보감과 같은 진심 어린 충고에 귀 기울이며 살아야겠다는 다짐을 해 본다.

문상객 숫자

맹모삼천지교孟母三遷之敎.

한자 뜻을 그대로 풀이하며 맹자의 어머니가 자식 교육을 위해 세 번의 이사를 했다는 의미다.

모두들 알고 있는 터이지만 구체적으로 말하자면 맹자가 어렸을 때 묘지 가까이 살았더니 장사葬事지내는 흉내만 내기에 집을 시장 근처로 옮겼더니 이번에는 물건 파는 흉내만 내므로 다시 글방이 있는 곳으로 옮겨 공부를 시켰다는 내용이다.

그런 어머니의 자식 교육에 대한 남다른 지혜가 있었기에 맹자는 성선설性善說을 통하여 오늘날 세상 사람들이 어떠한 삶이 바람직한 것인가를 일깨워 주는 위대한 철학가로 우뚝 설 수 있었다고 할 수 있다.

얼마 전 선종한 김수환 추기경이 해외 유학을 떠나는 후배 신부에게 맹자 어머니가 실천한 세 번의 이사가 우리에게 던져주는 의미에 대해 다음과 같이 설명을 해 주었다고 한다.

첫 번째 이사는 생전의 부귀영화와 상여를 뒤따르는 문상객의 수를 통한 사후 평가가 반드시 일치하지 않는다는 가르침을 "상주놀이"를 통해 우리에게 일깨워 주고 있다는 것이다.

두 번째 이사는 저잣거리에서 물건을 흥정하고 사고파는 놀이를 통해 냉엄한 사회현실을 직시해 보다 현명하게 살아야 한다는 메시지라는 것이다.

결국 "삶의 도리"를 터득하고 "세상 물정"을 깨달은 뒤에 공부를 해야 머리만의 지식이 아닌 마음의 지혜를 터득할 수 있다는, 前서강대 교수이며 신부였던 아무개 신부가 지면을 통해 기고한 자기고백의 이야기다.

코로나로 어려운 상황이기는 하지만 변함없이 결혼 청첩장은 날아든다. 그런가 하면 계절에 관계없이 연로하신 분들을 비롯해 많은 이들이 세상과의 이별을 고하고 영원한 안식처로 떠나기도 한다.

그때마다 직장 동료들과 친인척 등의 애경사에 직접 참석하기도 하고 사정이 있는 경우 다른 사람을 통해 봉투로 대신하기도 한다.

현직에 있는 동료들에게는 봉투로 갈음하기도 하지만 퇴직한 분들에게는 가급적 예식장을 직접 찾아 축하 또는 조의의 예를 갖추려 노력하게 된다.

직접 가게 되면 초청자뿐만 아니라 하객으로 참석한 많은 선배들의 얼굴을 직접 볼 수 있는 기회가 되기도 하고, 한편으로 건강한 모습으로 살아가는 모습이 반갑게 느껴지기도 한다. 이 또한 코로나로 인해 계좌 이체하는 게 일상이 되어버린 세상이니 격세지감이 아닐 수 없다.

현직에 있을 때에는 누구보다도 열정과 혼을 담아 직장에 최선을 다한 현장의 주인공이었는데 이제는 한 풀 꺾인 어깨를 볼 때마다 저절로 세월 무상을 실감한다. 그리고 그 모습이 몇 년 후 스스로의 자화상임을 직감할 때면 다시금 옷깃을 여미게 된다.

과연 앞으로의 남은 공직 생활이 어떠해야 하는지 자문할 때면 숙연함 마저 느끼게 된다.

권위주의적인 사람은 퇴직해서도 그 행동을 버리지 못한다는 이야기를 해 주는 선배도 있다. 하지만, 비록 현직은 떠났지만 스스로 좀 더 적극적이고 열성적인 사고를 통해 퇴직 후 삶의 가치를 더욱더 중요시하는 것도 필요하지 않을까 싶다.

아무튼 퇴직한 직장 선배들과의 짧은 만남 동안에 들려주는 '호랑이 담배 피던 시절' 이야기는 타임머신을 타고 먼 나라로의 여행하는 착각에 빠져들기도 한다.

한편으로, 그 시절을 그리워하는 모습을 보면서 컴퓨터를 모르면 일을 할 수 없을 정도로 변화된 행정시스템을 과연 선배들은 얼마나 이해할 수 있을까 하는 생각 또한 해 본다.

퇴직 후 치르게 되는 애경사의 축하객이 얼마나 될까 하는 걱정을 토로하는 경우도 종종 접하면서 인간 심리의 얄팍함을 느낀다.

그럴 때마다 맹자 어머니의 첫 번째 이사가 우리에게 던져 주는 의미인 생전의 부귀영화 그리고 상여를 뒤따르는 문상객 숫자가 사후 평가의 기준이 되어서는 안 된다는 생각을 해 보게 된다.

또한 스스로를 바보라고 지칭했던 김수환 추기경이 맹자 어머니의 첫 번째 이사가 갖는 의미를 현대적으로 해석한 "바보 철학"의 심오함에 저절로 고개가 숙여진다.

산불이 맺어 준 인연

　때마침 불어오는 강풍과 함께 절벽을 타고 질풍노도 같이 산등성을 따라 불길은 속절없이 타들어만 갔다.
　아침부터 타기 시작한 산불은 공무원과 지역주민, 산불진화대원까지 총동원되었지만 워낙 산세도 험할 뿐 아니라 절벽이라 접근 또한 용이하지 않은 최악의 상황이었기에 속도를 내지 못하고 발만 동동 구르고 있는 형국이었다.
　산림청 헬기가 투입되어 많은 양의 물을 일시에 투하해 보지만 강풍에 불씨가 날아가면서 또 다른 지역으로 옮겨가는 어찌할 수 없는 상황에서 날이 어두워지기 시작했다. 당시 현장에서 상황을 총괄 지휘하던 나에게 산림과장이 다소 불만스런 표정을 지으며 말을 했다.

'부시장님, 산림청 OO 과장께서 기관장이 현장에 있는지 여부를 사진 찍어 보내라고 합니다. 어찌할까요?'

유독 그 해에 내가 재직했던 지역에서 많은 산불이 발생하니 예방 차원에서 기관장 복무태세를 점검하는 것은 이해를 하지만 현장 근무사진까지 찍어 보내라고 하는 것은 지나치다는 생각에 이르렀다.

바로 담당 과장에게 전화를 걸어 항의했다. 잦은 산불이 우리 지역에 발생하는 것에 대한 책임은 통감하지만 현장 진화에 열중하는 상황에서 사진까지 찍어 보내라는 것은 전형적인 갑질(?) 아니냐고 따져 물었다.

다행히 야간에 강풍이 잦아들고 다음날 새벽 산림청 대형 헬기 지원을 받아 산불 진화를 마칠 수 있었지만 당시에 긴박했던 기억이 지금도 생생하다.

'싸우면서 정 든다'라는 속담이 있다.
다소 다른 예일 수는 있지만 '부부싸움은 칼로 물베기'라는 말도 있다.

아무튼 그 사건(?) 이후 산불 진화를 위한 산림청 헬기 지원을 포함한 산림정책 전반에 걸쳐 많은 도움을 받는 계기가 되었음을 전화위복이라고까지 표현하면 지나친 비약일까?

또한 일선의 지방공무원으로서 중앙부처 공직자의 조직문화 이해를 통해 중앙과 지방이 서로 소통할 수 있게 되었음은 두말할 나위가 없다.

당시 우정(?)이 계기가 되어 퇴직한 지금까지도 서로의 안부를 묻고 때로는 소주 한 잔 하면서 허심탄회한 인생 이야기도 나눌 수 있게 되었다.

급기야는 문학을 통해 숲 사랑·생명존중·녹색환경보전을 통한 정서 녹화를 지향하고 산림문화 발전에 목적을 두고 발행되는 『산림문학』 지紙 회원으로 추천받는 인연으로까지 이어졌다.

충남 홍성지역에서 벌목 인부의 담뱃불로 추정되는 큰 산불이 있었다.

8만 마리 이상의 가축이 폐사하고 축구장 2,300여 개에 달하는 면적이 잿더미가 되어버린 끔찍한 재해가 있었다.

당일 전국적으로 34곳에서 크고 작은 산불이 발생했다고 하니 매년 봄만 되면 되풀이 되는 산불 예방을 위한 다각도의 대책이 요구되는 요즈음이 아닌가 싶다. 오랫동안 건조한 날씨가 계속되는 가운데 지구 온난화 등으로 인한 이상기후로 인해 무심코 버린 사소한 담배꽁초에도 쉽게 발화되기에 산에서는 세심한 주의가 필요해 보인다.

매년 봄철이 되면 당시 긴박했던 기억들이 떠오르곤 한다.
시장의 부재 상황에서 유독 많은 산불로 공무원들이 밤을 지새우며 진화 작업에 열중했던 모습이 생각나기도 한다.
그저 중앙부처 공무원과 일선 지방공무원의 업무적인 인연으로 끝날 수 있었지만 감히 중앙부처를 향한 강한 항의(?)를 통해 소중한 인연의 겹이 싸여질 수 있었던 것 또한 신의 축복이 아닐 수 없다.

아리스토텔레스는 '인간은 사회적 동물'이라고 했다.
인간은 결코 혼자서는 살 수 없음을 분명히 설파한 말이다. 어차피 서로 부대끼며 미워하고 사랑하는 가운데 정을 느끼며 살아갈 수밖에 없는 게 우리의 자화상 아닐까 싶다.
'가장 행복한 때가 언제인가?'
미국에서 장애를 극복하고 성공한 시각장애인의 인터뷰 기사가 떠오른다.

'물질도 명예도 결코 아니다. 주변 사람들과의 바람직한 인간관계가 형성될 때 비로소 행복하다'라고.

우리는 세상에 태어나서 수많은 관계 속에서 살아간다.

부모자식간, 형제간, 부부간, 그리고 직장에서 형성되는 동료 또는 상하간의 관계뿐만 아니라 다양한 사회활동 속에서 인연은 지속적으로 만들어진다.

맺어지는 다양한 인연을 소중하고 아름답게 만들어갈 지의 여부는 오롯이 자신에게 달려있다는 사실을 우리는 주목해야 하지 않을까 싶다.

새벽 출근의 즐거움

"새벽잠이 많다는 것은 그만큼 젊었다는 증거다."

아침잠이 많아 걱정(?)이라는 내게 지금은 퇴직한 선배가 들려준 이야기가 떠오른다.

5시에 눈을 떠 통근버스를 타기 위해 6시에 집을 나서는 게 요즈음 일과의 시작이다. 꽤 일찍 출근한다는 생각했는데 길을 나서보면 벌써 많은 이들이 총총걸음으로 길을 재촉하는 것을 목격하게 된다. 그 가운데 도로변 쓰레기를 치우는 환경미화원을 보면서 더 이른 시간에 출근했을 것이라는 짐작에 감사한 마음까지 들게 된다. 이렇듯 아직은 곤한 잠에 취해 있을 시간임에도 집을 나서는 이들을 보면서 하루하루의 시간에 대한 경외감마저 들기도 한다. 대부분은 가족의 생계를 책임진 가장으로서 고달픈 삶의 현장을 찾아 집을 나서는 이들일 것이다.

  사람의 능력을 최적으로 발휘될 때가 아침 시간이라고 한다. 일본 의사 사이쇼 히로시가 쓴 『아침型 인간』이라는 책이 화제가 된 적이 있었다. 최소한의 노력으로 최대의 성과를 내야 하는 기업의 입장을 대변하여, 아침 7시 출근 오후 5시 퇴근하는 기업을 언론이 소개하기도 했다.

  곰곰이 아침잠이 많은 이유를 생각해 보았다. 아직 젊어서 그렇다고 하는 선배의 이야기도 일리가 있다. 하지만 잦은 음주로 인해 늦게 퇴근하는 게 가장 큰 이유가 아닐까? 어쩌다 일찍 퇴근하더라도 텔레비전을 늦게까지 시청하는 경우도 있으니 말이다. 습관은 제2의 천성이라고 했듯이 젊어서 그렇다기보다 잘못된 습관 탓은 아닐까 한다.

  아침 형型 인간을 "대자연과 더불어 하루를 시작하고 계획하며 시간을 지배하고 일을 주도하는 사람이다. 이런 사람은 아침이 여유롭다. 일과 가정, 여가 생활의 균형을 지킬 줄 알며 밝고 긍정적인 생각으로 기운 넘치게 건강과 행복을 누리는 사람을 말한다"라고 정의했다.

  직장 근무지가 집에서 멀리 떨어져 있다고 걱정을 해 주는 이들이 많다. 뭐 타고 다니느냐?, 관사는 있느냐 등등. 일찍 일어나는 게 귀찮게 느껴질 때도 있다. 하지만 늦게 일어남으로 인한 나태함보다는 일찍 일어나 얻어지는 즐거움과 상쾌함도 있는 게 사실.

사이쇼 히로시씨는 아침에 일어나면 좋은 점을 이렇게 설명한다.

아침에 일찍 일어나는 사람은 시간에 허둥대지 않는다. 일찍 출근하기에 만원 전철을 피해 편안히 좌석에 앉아 독서를 즐길 수 있고, 직장의 일과를 충분히 계획하고 준비할 여유가 있는 것이다. 그런 사람은 저녁 늦도록 과음과 오락으로 몸이 지치고 피곤한 사람이 아니다. 적당한 수면과 운동으로 건강을 유지하며 가정과 자신의 삶에 충실할 줄 아는 사람이다. 이 같은 인간이야말로 시간을 소중히 여기고 자신의 삶을 주도하며 성공적인 인생을 살아가게 마련이다.

"일찍 일어나는 새가 좋은 먹이를 얻는다", "아침의 새가 멀리 날아간다"라는 말이 있다.

집에서 가까운 곳에 직장이 있는 것도 큰 복이라는 말을 하기도 한다. 하지만 근무지라고 하는 것이 자기가 원하는 곳에서만 근무할 수는 없는 노릇 아닌가! 특히 공직의 경우 다 그런 것은 아니지만 일반적으로 승진을 하면 출장소 등으로 이동이 불가피하다면 그곳에서 즐거운 마음으로 일할 수 있는 마음의 여유를 가져보는 것은 어떨까 싶다.

'피할 수 없으면 즐기라'는 말의 의미를 다시 한번 곱씹어 본다.

휴가와 재충전

수도원 원장이 보리 베는 작업을 지시했다. 한 사람은 하루 종일 쉬지 않고 열심히 일에 몰두했지만 또 한 사람은 적당한 시간 간격으로 쉬어가면서 했다. 결과는 열심히 일한 사람보다 휴식을 취한 경우가 훨씬 보리 짚이 많이 쌓였다고 한다. 휴식을 취하는 동안에 숫돌에 낫을 예리하게 갈아 작업하는 과정을 통해 얻어진 결과였다. 적당한 휴식을 취함으로서 작업 능률을 향상 시킨 결과를 의미하기도 한다.

이 이야기가 우리에게 주는 교훈은 두 가지다.
첫째, 휴식 시간을 재충전의 기회로 활용했다는 것이다. 오늘날 우리는 사람의 힘으로 필요한 만큼의 물품을 생산해서 사용하던 자급자족시대에서 사람을 대신한 기계를 통한 대량생산시대를 살고 있다.

하지만 그 기계를 움직이고 조작하는 것 또한 인간을 통해 통제되어지는 것이다.

쉴 새 없이 베기만 했기에 시간이 지날수록 날이 무디어져 베어지는 양이 줄어질 수밖에 없음은 자명한 일이다. 따라서 쉬는 시간에 낫을 가는 것이야말로 휴식시간을 적절히 잘 활용한 예가 아닌가 싶다.

인간의 머리로 만들어진 수많은 도구를 잘 유용하여 사용할 줄 알아야 한다는 것 또한 일깨워주고 있다.

자치단체장의 부재로 인해 권한대행이라는 팔자에 없는 직책을 5개월째 수행하고 있다. 부시장 고유의 업무에 덧붙여져 시장의 역할이 더해진 1인 2역을 감당하면서 그야말로 눈코 뜰 새 없이 바쁜 하루하루를 보내고 있다.

시간대별로 꽉 짜인 살인적 일정을 소화하고 있다. 여러 가지 골치 아픈 현안들도 산적해 있을 뿐만 아니라 최종적인 의사결정을 해야 할 상황이 되면 더욱더 골머리가 아파진다.

권한을 가졌다는 게 힘이 있다는 이야기도 되지만 행사된 권한은 반드시 책임이 수반된다는 사실을 오랜 공직 생활을 통해서 잘 알고 있기에 고민은 깊어질 수밖에 없다.

하지만 요즈음은 나 자신을 너무 혹사시키는 것은 아닌가 하는 자책감도 든다. 능력에 비해 과하게 너무 기계적으로 일한 것은 아닌가 하는 생각도 해 보게 된다.

이런저런 이유로 해서 휴가를 떠나기가 망설여지기는 하지만 이번에는 재충전의 기회를 통해 16만 포천시민들께 다가갈 수 있는 지혜를 짜내는 데 시간을 할애하고 싶다.

남들이 가는 거니까 어쩔 수 없이 간다는 소신 없는 것이 아니라 꼭 먼 곳을 가지 않더라도 무엇인가 의미 있고 보람 있는 휴가를 통해 재충전의 기회를 가지려 한다. 하지만, 순간순간의 고단함과 피곤함을 잊고 즐거운 마음으로 일을 할 수 있다면 그것 또한 가장 큰 휴식이 아닐까 싶기도 하다.

아버지의 직업

　모 지상파 방송의 아침마당 프로그램에서 5월 가정의 달을 맞이하여 자랑스러운 어머님을 소개하는 생방송 프로그램을 우연히 보게 되었다.
　각자의 삶 속에서의 고단했던 지난 시간들을 회상하면서 눈물짓는 참여자들의 모습에 가슴 뭉클했다.
　패널로 참여한 개그맨 이용식씨는 생선장사 하는 엄마가 창피해서 매일 세 번씩 몸을 씻고 학교를 갔다면서 지금은 살아계시지 않는 어머니에 대한 죄송한 마음에 눈시울이 붉혀진 모습이 전파를 탔다.
　대검찰청장과 김대중 대통령 비서실장을 역임했던 김중권씨 어머니는 어린 자식을 남기고 일찍 세상을 떠난 남편을 대신해 동네 어구에서 포장마차로 생계를 유지했다고 한다. 당시 9살이었던 아이 김중권은 난전亂廛에서 혼자 장사하는 엄마가 창피해서 근처에는 가지도 않았다고 한다. 그리고 오동지 섣달 엄동설한에 추위에 떨며 4남매를 키우기 위해 행상을 할 수 밖에 없는 가정환경을 원망했다고 한다.

물론 9살 어린 나이에 사리분별을 할 나이는 아니었지만 세월이 지나 어른이 되고, 어머님이 돌아가시고 깨닫게 되는 인간의 나약함을 어찌 설명할 수 있을까.

초등학교 다닐 때의 기억 중 가장 떠올리고 싶지 않은 것 중 하나, 바로 생활기록부 작성하는 것이었다. 지금이야 최소한의 신상정보만 기재하는 것으로 알고 있지만 당시에는 부모님의 직업에서부터 학력, 생활 정도, 심지어는 재산 상태까지 기록해야 했다.

나는 늘 망설여야 했다. 뭐라고 써야 할까?

아버지 직업은 머슴이었다.

머슴은 근무 행태에 따라 두 가지로 나눌 수 있다. 하나는 숙식까지 제공받으면서 주인집에 기거하는 형태로, 수입이 훨씬 많았지만 그만큼 더 많은 노동을 제공해야만 했다. 다른 방법은 요즈음으로 말하면 출퇴근의 방식을 취하는 경우다. 찢어지게 가난했던 아버지는 가정형편상 선택의 여지가 없음은 두말할 나위가 없다.

물려받은 재산 없고 배운 것 없지만 4남매의 생계를 책임진 가장으로서 불가피한 선택을 한 아버지가 '왜 그리 창피해했을까' 하는 생각을 하면 송구한 마음 뿐이다.

5월 가정의 달이다.

시대가 변함에 따라 부모님의 역할을 이야기할 때 주로 어머니의 역할만을 강조하게 되는 것이 요즈음 현실이지만 8~90년대만 해도 절대 빈곤 속에서 가정의 생계를 책임지는 경제적 역할은 아버지가 담당해야만 했던 게 사실이다.

나이 먹고 아버지의 역할을 넘어 할아버지가 된 지금에 와서 가난했던 시절 아버지의 삶을 떠올리려니 지금 세상에 안 계신 아버지의 삶이 왜 그리 측은하게 느껴지는 걸까?

나만 그럴까?

작지만 확실한 행복, '소확행'을 찾아

　아침 일찍 눈을 뜨면 제일 먼저 텃밭의 채소와 나무들이 정답게 반겨 준다. 텃밭과 울타리 주변에는 뽕나무, 감나무, 블루베리, 아로니아, 매실나무 등 꽤나 많은 나무들이 심어져 참새와 까치 그리고 비둘기까지 찾아와 지저귀곤 한다. 마당 30평 정도 되는 한켠에 5평 남짓의 텃밭을 만들어 상추 고추 등 야채를 심어 수확하고, 가을이면 무와 배추로 김장을 담기도 한다. 김장철이 되면 출가한 딸네 가족이 찾아와 함께 정성을 다하여 김치를 담그니 맛은 세 배가 된다. 조물주가 창조하신 세상은 아무리 미미한 것이라도 다 쓸모가 있음을 깨닫는다.
　아들을 잃고 공직 생활을 마무리하고 고향인 퇴촌으로 귀향했다. 그동안 느껴보지 못했던 고향의 체취를 아름다운 자연과 더불어 만끽하며 지내고 있다. 누구에게나 주어진 기회가 아니라는 걸 알기에 늘 감사하는 마음으로 살아간다. 복잡한 도시에서 40여 년 간의 긴 직장 생활을 무사히 마치고 고향에서 생활을 시작하게 되었으니, '귀농'이 아닌 어린 시절 살았던 고향으로의 '귀향'이다. 그리 빛나는 일상은 아니더라도 편안한 시간에 친구와 만날 약속을 할 수 있고, 아침 일찍 출근 걱정하지 않으니 편안해서 더 좋다. 공직에 몸담고 있을 적에는 한밤중에 갑자기 비상이 걸리면 자다가 달려 나가야 했는데, 이제는 그런 두려움에서의 해방이 퇴직 후에 느낄 수 있는 소소한 행복이다. 매주 목요일이면 28개월 된 외손자를 보러 가는 시간이 기다려지는 과분한 호사도 누리면서 아버지로 할아버지로 살고 있다.

단순히 문자 또는 전화를 주고받는 기능 밖에 알지 못해 관내에 있는 주민자치센터 문화강좌에 '스마트폰 사용법 과정'에 등록했다. 함께 수강하는 85세 되신 할머니께 스마트폰을 배우는 이유를 물었다. "공부는 죽을 때까지 하는 거지요"라고 꾸부정한 어깨를 뒤로 젖히며 겸연쩍게 말씀하신다.

일찍이 공자는 제자들이 정리한 『논어』 제1편에서 평생교육의 중요성을 강조했다. "평생 배우고 익히면 즐겁지 아니한가!"

은퇴는 끝이 아니라 또 다른 삶의 시작임을 설파한 공자의 현명함과 지혜를 우리는 배워야 할 것이다. 자율 주행 자동차가 상용화되는 4차 산업 혁명 시대에 생존을 위해서는 평생 배우고 익히는 삶이 아니면 살아남을 수 없음은 자명한 일이다. 참척의 고통을 안고 살아가는 삶이지만 '배우는 일'과 더불어 '가르치는 일'이 그래도 살아야 한다는 진정한 이유를 찾게 하는 원동력이다.

지나온 삶의 여정을 추억하며 감회에 젖어본다. 가정 형편상 고교 졸업 후 공직에 입문한 이래, 배움에 목말랐기에 야간 대학에 다녔고, 국비 유학으로 일본에서 대학원까지 마칠 수 있었다. 그래서 고교 시절과 유학 시절 배우고 터득한 일본어를 관내 노인복지관과 주민자치센터에서 가르치는 것은 삶의 큰 활력소가 되어주었다. 하지만 이 모든 것이 아이에 대한 한없는 그리움을 떨쳐 내기 위한 몸부림임을 숨길 수가 없다.

코로나19로 인해 대면 강의가 없는 요즈음, '선생님, 빨리 뵙고 싶어요'라며 안부 전화를 받을 때면 가르치는 일의 보람이 무엇인가를 깨닫게 된다. 하루라도 빨리 진정되어 어르신들과 얼굴을 마주할 수 있기를 기다린다.

학교 밖 청소년을 대상으로 한 검정고시반 강사, 한국에 거주하고 있는 외국인 근로자들에게 한국 문화를 알리는 강사, 이런 다양한 계층을 대상으로 한 강사 활동을 통해 지역 사회에 이바지하고 있다. 이른바 재능기부다. 수강생 어르신들의 젊은 시절의 고단한 이야기, 외국인 근로자들의 외국 생활 애환 등의 이야기를 접하면서 가르치기 보다는 자신이 더 많은 것을 배운다. '가르치는 것'과 더불어 평생 '배우고 익히는 것'을 동시에 경험하는 일석이조一石二鳥의 삶, 꿩 먹고 알 먹는 거 아닐까? 공직 생활에서 터득한 다양하고 생생한 현장 경험들을 그대로 묻어버리지 말고 지역사회를 위해 값지게 사용될 수 있도록 타인에게 전달하는 것 또한 심혈을 기울이는 활동이다.

앞으로는 이런 삶이기를 소망한다.

배우고 익히면 때로는 즐겁지 아니한가!

벗이 멀리서 찾아오니 또한 즐겁지 아니한가!

사람들이 알아주지 않아도 성내지 않으면 군자가 아니겠는가!

여행은 갤러리다

여행은 갤러리다

우리는
늘 익숙한 게 편안하다
그러다가
어디론가 훌쩍 떠나고 싶을 때가 있다
미지未知의 세계에 대한 동경 때문이다

새로운 것에 대한 신선함은
온갖 것에 대한 상상력을 동원
우리의 마음을 들뜨게 한다

즐거움도 잠시

덜 익숙한 것에 대한 불편함이 밀려온다
그리고
익숙한 것을 그리워하게 된다
인간의 간사奸邪함과 나약함이 표출되는 순간이다

여행은 갤러리다

덜 익숙한 것이 주는 불편한 경험을 통해
익숙함이 주는 소중함을 깨닫게 되는 것

일상의 단조로움을 벗어나
삶의 활력소를 불어넣을 수 있게 되는 것

그리고
덜 익숙한 것에 대한 동경과
익숙한 것에 대한 감사함을 동시에 체험할 수 있는 것
그게 바로 여행 아닐까?

노이슈반슈타인 성城과
루트비히 2세 그리고 정조

아들 가진 부모는 '국내여행' 가고 딸 가진 부모는 '해외여행' 간다는 우스갯소리가 있다. 우리 부부는 4년 전 직장 생활을 위해 독일로 간 결혼한 딸 가족을 만나러 가끔 거주하고 있는 뮌헨을 방문하곤 한다.

그동안 제한적으로 이해했던 독일의 역사와 문화가 살아 숨쉬는 가 볼 만한 곳 '독일 베스트15' 여행을 통해 1,2차 세계대전의 패전국에서 EU를 선도하는 국가로 탈바꿈한 오늘의 독일을 재발견하는 기회가 될 듯 싶다.

루트비히2세 왕과 노이슈반슈타인 등 3개의 고성古城
뮌헨역에서 2시간여를 달려 독일 남쪽 끝자락인 인구 2만의 작은 도시인 퓌센역을 향해 출발했다. 창밖으로 광활하게 펼쳐지는 들녘의 푸릇푸릇한 풀과 군락을 이룬 민들레는 눈을 호강하기에 충분했다.

멀리 길게 이어지는 알프스 정상의 잔설殘雪이 시야에 들어오는 순간, 나는 아무 말도 할 수가 없었다. 현장에서 느껴지는 그 황홀함은 오래도록 머릿속에서 지워지지 않을 것이 분명하다. 알프스와 주변 자연과 함께하는 기차여행이야말로 가히 무릉도원이다.

역에서 하차 후 성 입구까지 가는 버스 안에서 느껴지는 퓌센 지역은 한적한 시골 마을임을 한 눈에도 짐작할 수가 있다.

노이슈반슈타인城은 '아름답다'는 수식어가 절로 나오는 '백조의 성'으로 루트비히 2세가 속세를 떠나 은신하기 위해 지었다고 한다.

아버지 막시밀리언 1세와 어린 시절 잠시 함께 살았던 호엔슈반가우성이 있었음에도 불구하고 아버지 사망으로 왕위 계승 후 주변의 극심한 반대를 무릅쓰고 곧바로 자신이 좋아하는 백조를 닮은 성을 인근 계곡에 건축할 결심을 하였다고 한다.

1868년에 착공하여 내부 구조 및 장치를 포함 내부 장식품까지 직접 설계1892년 일단 완공되었으나 1886년 이미 루트비히 2세가 의문사를 당한 뒤였으니 정작 본인은 살아보지도 못하고 죽은 셈이다.

7천억 마르크의 부채 상환을 위해 미완의 상태에서 마무리 후 입장료를 징수 10년만에 부채를 모두 상환했음에도 국고 낭비 등을 이유로 끊임없이 의회로부터 질타에 시달려야 했으니 얼마나 스트레스가 많았을까?

독일의 문화재연구원 앙겔리카 누쉘러는 이렇게 말한다.

"당시 사람들은 그가 자신의 꿈을 이루기 위해 국고를 탕진했다고 하지만 사실은 바이에른 정부의 돈을 쓴 게 아니라 자신과 가족의 돈을 썼던 거죠. 그는 돈이 바닥나자 정부에 대출을 부탁했지만 거절당했어요."

오늘날 독일국민들에게 크나큰 자긍심과 관광자원으로서 엄청난 경제적 부를 창출하는 황금알을 낳는 거위가 되었으니, 공공사업을 추진할 때에 국고 낭비라는 이유로 비난만 할 일도 아니라는 생각이 들기도 한다.

노이슈반슈타인성은 가장 '순수한' 성으로 평가받는 곳이다. 루트비히 2세가 속세에서 탈출해 자신의 유년시절을 보냈던 곳에서 자신이 좋아하는 백조 형상의 성을 만들어 살고 싶었던 희망이 반영된 곳이기에 더 아련하게 다가온다.

성 밖을 잠시 걷다보면 험준한 계곡에 위태롭게 걸려있는 일명 '마리아 다리'로 일컫는 작은 다리에서 성을 배경으로 사진을 찍으면 평생 추억이 될 명품 사진이 된다. 물론 우리 부부도 기념으로 한 컷 '찰칵'.

1845년 태어나 1886년 41세 젊은 나이에 생을 마감한 바이에른의 국왕 루트비히 2세는 극도의 대인기피증 때문에 점차 외딴 곳에 은둔할 장소로서 의회의 만류에도 불구하고 성을 짓는데 몰두하게 되었다고 한다.

절대 왕권을 가진 사람으로서 루트비히 2세는 정치적인 감각보다는 건축가적인 기질과 풍부한 인문학적 소양으로 국가를 다스리려 했던 성군이었을지도 모르겠다는 생각도 해 보았다.

계속되는 극심한 대인기피증으로 인해 기행이 극에 달하자 바이에른 왕궁 의료진은 그를 정신병자로 진단하고 바이에른 의회는 그를 파면하고 유배 보냈다고 한다. 얼마 지나지 않아 유배지 인근 슈타른베르크 호수에서 변사체로 발견된 비운의 왕 루트비히 2세는 생전에 노이슈반슈타인성을 비롯해 린더호프성과

헤렌킴제이성 등 세 곳의 고성古城을 남겼다.

린더호프성

세 곳 중 유일하게 '완공'된 성이라는 점에서 희소성이 있다. 물론 궁전이 작기 때문에 공사 기간이 짧아서 완공될 수 있었던 것이지만 완성과 미완성의 차이는 크다. 궁전은 작지만 궁전을 포함한 정원은 가장 넓은 비너스 동굴 등 기묘한 장치까지 있어 다양한 모습을 볼 수 있는 곳이라고 한다.

헤렌킴제성

모든 권력자가 동경했던 베르사이유궁전을 루트비히 2세 스타일로 재해석, 화려한 궁전을 완벽한 은신처로 만든 발상이 대단하다. 베르사이유궁전 보다 규모는 작지만 내부는 더 화려하고, 특히 베르사이유궁전의 하이라이트인 '거울의 궁전'보다 훨씬 화려하게 만들었다. 여행 전문가들은 헤렌킴제성을 방문한 뒤에 베르사이유궁전을 방문하면 오히려 실망할 수 있다는 말까지 있다고 한다.

디즈니랜드 영화의 첫 장면에 등장하는 동화 같은 아름다운 고성古城의 주인공이면서도 기이한 행적과 비극적 결말의 스토리로 인해 미치광이 '왕'이자 '로멘틱한 왕'으로 독일 사람들에게 회자되는 것은 아쉬운 대목이다.

비록 호화와 사치의 결정체이지만 단순히 아름다움이나 화려한 것이 전부가 아니라 쓸쓸한 고독까지도 함께 간직하고 있어 여운을 넘어 연민을 느끼게까지 한다.

은신을 위한 피난처(?)로서 만들어진 3개의 고성古城을 통해 독일을 포함한 전 세계 사람들이 누리는 사색思素과 영감靈感은 보다 인문학적 삶을 추구하고자 하는 현대인에게 많은 참고가 될 것임은 분명하다.

왕세자로서 진취적이지 않은 여린 성격으로 아버지인 막시밀리언 2세로부터 사랑받지 못한 연유로 아버지를 거역하는 등의 기행은 영조의 아들 사도세자의 경우와 유사한 점이 있어 보인다.

루트비히 2세는 왕으로서 21년간 재위했으나 불과 27세 어린 나이에 뒤주에 갇혀 죽은 왕손 사도세자는 왕위에 올라보지도 못했다는 것을 떠올리려니 측은한 그의 삶이 문득 안쓰럽게 느껴지기도 한다.

살기 좋은 도시
바이에른왕국의 수도首都 뮌헨

유럽은 그물망처럼 촘촘히 연결된 철도 덕분에 어느 나라 어느 도시든지 자유롭고 편리하게 여행할 수 있는 게 가장 큰 특징이다.

산업혁명으로 과잉 생산된 물류의 원활한 이동을 위해 발달된 철도는 사람의 이동까지 촉진시켜 관광산업과 지역의 부가가치 창출을 통한 국가 발전에도 크게 기여하고 있는 귀중한 산업 자본이 아닐 수 없다.

뮌헨지역도 예외는 아니다.
선택 가능한 다양한 교통시스템을 이용, 트램이나 버스 또는 전철을 타면 쉽게 어디든지 갈 수 있다. 이런 상황을 십분 활용,

체류하는 동안 자주 들르는 곳이 뮌헨 신新청사와 마리아광장이다.

광장 옆에는 1807년부터 형성된 뮌헨 최대 야외시장인 빅투알리엔시장이 있다. 비록 말은 통하지 않아도 상인들의 풋풋한 사람 내음은 힘들었던 어린 시절을 회상하는 데 그만이다. 200년 성상 세월의 무게를 굳건히 견뎌 온 시장 상인들이 대단하다는 생각이 든다.

주변에는 다양한 음식점들이 있어 침샘을 자극할 뿐 아니라 비어하우스에서 마시는 한 잔의 맥주는 피로에 지친 이들이 회포를 푸는데 제격이다. 500cc 1~2개 정도 마시는 게 보통이지만 한국 사람들은 그 정도로는 성이 차지 않는다 하니 한국인의 지극한 酒님(?) 사랑의 마음을 헤아려 본다.

신新시청사와 마리아광장

황금빛 성모마리아 기념탑이 있는 마리아 광장과 바로 앞 신新시청사를 중심으로 고풍스런 유럽풍 건축물들이 즐비해 찾아오는 관광객들에게 많은 볼거리를 제공해 준다.

수시로 밀려오는 광장의 다양한 피부색 인파를 감상(?)하는 것도 나에게는 신선한 즐거움 중의 하나. 유럽 어디에서나 볼 수 있는 거리 악사들의 길거리 연주는 가던 이들의 발길을 멈추게 한다. 우리에게도 익숙한 멘델스존의 결혼행진곡, 뮌헨 출신 바그너의 탄호이저 등 세계적인 수준급 명곡들 또한 귀를 호강시켜 준다. 코로나로 한국 관광객이 많이 줄어들기는 했지만 많았을 때에는 '아리랑'을 즉석 연주해 주는 센스도 보여줬다고 한다.

거리 악사들은 관할 시청에 반드시 사전신고를 의무화했다고 하니 예술의 가치를 훼손시키지 않으려는 관계당국의 노력 또한 눈여겨볼 대목이다.

매일 낮 11시와 12시에 신新시청사 첨탑 상단에서 공연되는 인형극 또한 볼 거리 중의 하나. 10분 남짓이지만 시작 1~20분 전부터 몰리기 시작하는 인파를 보면 많이 알려지기는 했나 보다.

위층에서는 빌헬름 5세 결혼식을 축하하기 위해 기마병들이 전통복장에 말을 탄 채로 기마전을, 아래층에서는 1500년대 말 전염병 페스트 종식을 기뻐하며 신나게 춤추는 병사들의 모습을 동시에 감상할 수 있다. 오래 되어 보이나 실제는 100년 정도 되었다는 신新시청사와 르네상스양식의 구舊시청사 또한 뮌헨을 대표하는 건축물이라고 한다.

마리안 광장 주변에 있는 성미하엘교회, 성모성당, 성패티성당은 가톨릭신자이기에 갈 때마다 자주 찾는 이유 중의 하나다.

성聖미하엘성당

로마 성聖페터(베드로)성당에 이어 세계에서 두 번째로 큰 교회로 1597년 완공된 바로크 양식의 교회로 아치형 천장이 아름다움을 더해 준다.

지하묘지에 있는 빌헬름5세와 노이슈반슈타인성城을 건축 후 강제 퇴위 당한 루트비히2세 묘지를 보면서 권력은 영원불변하지 않다는 것을 새삼 깨닫는 시간이었다. 문득 권불십년 화무십일홍權不十年花無十日紅 속담도 떠오른다.

마침 뮌헨교구 주관 부활절 행사에 한인성당 신자와 함께 하는 미사에 부부 함께 참여할 수 있는 기회를 가졌다. 미하엘성당에서 마리안광장에 이르는 십자가의 길 도보순례까지 동참, 먼 곳 뮌헨에서까지 부활절의 의미를 되새길 수 있었던 것은 가톨릭 신자로서 행운이고 축복이 아닐 수 없다.

성모(푸라우엔)성당과 베드로(패터)교회

양파 모양을 한 109m 높이의 첨탑은 뮌헨의 상징으로 성聖미하엘교회와 같은 시기에 건축된 고딕양식의 가톨릭교회로 뮌헨

대성당으로도 불린다.

시내 중심부에는 성모교회보다 높은 건축물은 지을 수 없도록 엄격히 제한하고 있다고 하니 옛 것을 중시하는 국민적 인식을 엿볼 수 있는 곳이기도 하다. 2022년 12월 31일 선종한 베네틱도 16세가 교황으로 선출되기 이전 집전했던 성당으로 김수환 추기경께서 독일 유학시절 지도교수였다는 사실을 떠올리며 성당 내부를 둘러보는 내내 친근함으로 다가왔다.

뮌헨에서 가장 오래된 교회로 306개의 좁은 계단을 올라 82m 높이의 첨탑에서 시내를 조망할 수 있고, 뮌헨 신新청사의 인형극을 보다 선명하게 볼 수 있는 성聖패티성당 또한 볼만한 곳이다.

전통양조장 비어가르텐

독일에서 맥주는 단순히 술이 아니라 하나의 문화라는 말을 하곤 한다.

고풍스런 실내 분위기와 어우러져 맥주의 맛과 분위기를 더해 주기에 충분한 곳으로 우리가 상상하는 비어홀과는 비교를 초월한다.

내가 들렀던 호프브로이하우스(비어가르텐)는 오케스트라 수

준의 실내악단까지 갖춘 지구상에서 가장 유명한 맥주집이라고 해도 과언이 아닐 듯 싶다. 독일의 유명한 음악가 바그너와 베토벤의 명곡과 함께 마시는 맥주 맛은 그야말로 엄지척. 유명한 매듭 모양의 빵 브레첼, 구운 소시지인 부라트부르스트, 돼지족발을 화로에 구운 슈바인스학세, 얇은 돈가스 모양의 슈니첼 등과 함께 하는 전통음식은 뮌헨의 정취를 느끼기에 충분하다.

이 밖에 뢰벤브로이, 파울라너, 아우구스티너브로이, 하커프쇼르, 슈파텐브로이 등 유명한 비어가르텐이 있는데 맥주와 안주를 포함 1인 2만5천원 정도로 그리 비싸지 않아 틈틈이 들려 보려 한다. 매년 10월 열리는 옥터버 패스트 또한 세계적인 맥주 축제라고 한다.

자동차산업의 메카

세계적 다국적기업 BMW, 벤츠, 아우디는 자타가 공인하는 독일의 명품 자동차 메이커다. 19세기말부터 생산된 스포츠 카 등 각양각색의 자동차와 항공기 엔진 등이 전시된 BMW자동차 박물관은 자동차 산업의 발달사를 한눈에 볼 수 있어 꼭 한 번쯤은 가볼 것을 권한다.

BMW는 뮌헨에, 벤츠는 슈트트가르트, 아우디는 잉골슈타트에 본사가 소재하고 있으며 세 도시 모두 바이에른주에 속해 있는 도시들이다.

알리안츠 아레나구장

다국적기업 알이안츠생명이 지어 기부한 명문 바이에른 뮌헨의 홈구장에서 축구 경기가 열릴 때의 함성소리는 뮌헨시민의 축구사랑 정도를 가늠할 수 있다고 한다. 유럽 최고 축구팀을 가리는 챔피언스리그에 최다 우승을 했을 정도로 유명한 프로구단이다.

뮌헨은 1800년대 바이에른 왕국에 이어 1937년 바이에른공화국이 멸망하기까지 왕국의 수도首都였으며 현재는 바이에른주의 주도州都로서 베를린, 함부르크와 더불어 독일 3대 도시 중의 하나다. 독일 남부지역의 정치, 경제의 중심지로서뿐만 아니라 세계적으로 살기 좋은 도시, 인구 160만의 뮌헨을 가끔 올 수 있게 해 준 딸 아이에게 그저 고마울 따름이다.

2차세계대전의 상흔을
고스란히 간직한 곳 베를린

 두 차례의 세계대전과 나치 독일의 상흔이 곳곳에 남아 있는 도시. 때로는 분노와 저항의 무대였고 증오와 배제의 현장 바로 베를린이다. 1945년 동독과 서독으로 분단된 이래 1990년 베를린 장벽이 무너져 오늘에 이르기까지 견뎌온 인내의 현장을 생생하게 체험하는 기회였다. 여행 내내 세계 유일의 분단국가 국민의 입장에서 느끼는 감회는 남다를 수밖에 없다.

 슈프레강
 서울에 '한강'이 있다면 베를린에는 슈프레강이 있다. 서방으로의 탈출을 막기 위해 동독이 1961년 설치한 베를린 장벽은 슈프레강을 중심으로 동쪽에는 東베를린이 서쪽으로는 西베를린

여행은 갤러리다 219

으로 구분한다.

그리 넓지 않은 강폭이지만 유람선과 하천변에서 따뜻한 햇살을 벗 삼아 유유자적하는 모습을 한강과 산술적으로 비교하는 것은 무의미하다. 그들의 여유로움이 부럽다.

연방의회의사당

동·서독 시절 서독이 본으로 수도를 옮기면서 방치되었으나 통일 후 중앙 돔을 투명유리로 개·보수 하는 등의 과정을 거쳐 오늘의 모습이 되었다. 의사당 왼쪽에 있는 의원 회관 외벽을 의정 활동을 감시하기 위해 의사당 밖에서도 안을 볼 수 있도록 투명유리로 설계했다고 한다. 국민의 공복으로서 의원은 후문만 이용한다는 가이드의 설명 또한 흥미롭다.

문득 서번트 리더십(servant leadership)이 떠올랐다. 과장된 비유이나 국민을 두려워하는 독일 국회의원들의 마음 자세가 읽혀진다. 과연 우리는? 의사당을 중심으로 수상관저와 중앙행정기관이 가깝게 있는 것은 효율적인 공간배치가 아닐까 싶다.

테더공원 그리고 전승기념탑과 3명의 전쟁 영웅

베를린을 동서로 가르는 슈프레강과 접하고 있고 축구장 200

개 크기의 어마어마한 면적의 공원이라니, 미국 뉴욕의 센트럴 파크가 떠올랐다. 왕과 귀족만을 위한 사냥터였지만 지금은 베를린 모든 시민이 쉽고 편리하게 즐겨 찾는 곳이라고 한다.

철혈 재상 오토 폰 비스마르크 동상

독일 제국의 건설자 및 초대 총리로서 통일 이후에는 열강들 사이에서 뛰어난 외교 전략을 구사, 유럽 전역을 평화롭게 유지한 인물로 평가 받는다.

동상 하단에 신神을 상징하는 세 명의 조각상이 기억에 남는다.

왼쪽 여신은 책을 읽고 있고, 가운데에는 머리위로 지구본을 들고, 오른쪽은 칼을 들고 사자 머리를 밟고 있는 여신 조각상이 바로 그것이다. 각각 '지성'과 '책임' 그리고 '힘'을 상징한다고 한다. 세 가지 모두가 갖추어졌을 때 비로소 국가가 발전한다고 비스마르크는 생각했을 것이다.

동東베를린을 대표하는 거리 '운터 덴 린덴'

'보리수 나무 아래'라는 뜻으로 귀舊 동東베를린의 대표적 거리로 프로이센궁전에서 시작, 브란덴부르크 문까지 연결하는 길을 일컫는다. 베를린필하모니로 유명한 베를린국립오페라극장이 있고 베벨 광장도 있다. 나치시절 훔볼트대도서관에 있는 수만권의 인문학·철학·예술관련 서적을 불태운 현대판 분서갱유 焚書坑儒를 기억하기 위해 광장 중앙 바닥 아래에 있는 '텅빈 서재'를 볼 수 있다. 실제 지하 5미터 깊이로 땅을 파고 나치에 의해 연기로 사라진 2만 권의 책을 꽂을 수 있는 공간을 만들었다니 놀랍다. 광장 바닥에 동판으로 새겨진 하인리히 하이네가 히틀러를 향해 "책을 불사르는 것은 결국 인류도 불태울 것"이라고 예언한 글을 보면서 섬뜩함마저 들었다.

연구중심대학의 전형 홈볼트 대학

프로이센 교육장관이었던 훔볼트가 귀족만이 아닌 신분에 관계없이 누구나 자연을 탐구·연구할 수 있는 '연구중심 대학' 설립을 제안, 설립된 대학이다. 아인슈타인, 마르크스와 엥겔스, 헤겔이 이 대학을 졸업했고 노벨상 수상자 29명을 배출한 명문사학이다.

전쟁희생자 기념센터(노이에 바헤)

전쟁과 독재로 희생된 모든 이들을 추모하는 공간으로 독일을 방문하는 외국 정상들의 참배와 헌화 장소로도 널리 알려져 있다. 독일의 여류 예술가 케터 콜비츠의 작품 '죽은 아들을 안고 있는 어머니' 조각상은 찾는 이들에게 숙연함을 준다. 1,2차 세계대전 때 아들과 손자를 잇달아 잃은 비운의 가족사로 인한 상실감을 표현한 작품으로 수많은 전쟁 피해자들에게 위로의 메시지를 주는 장소이기도 하다.

쿠담거리(쿠르퓌릇텐담거리)

동東베를린에 운터 덴 린덴 거리가 있다면 서西베를린에는 대표적 명품거리 쿠담이 있다. 3.5㎢의 거리 양쪽에는 90년 전통의 기데베백화점, 루이비통 브랜드점도 쉽게 찾아볼 수 있다. 어둡고 칙칙함이 감지되는 운터 덴 린덴 거리에 비해 서西베를린 쿠담거리는 훨씬 밝고 자유분방한 분위기가 느껴진다. '공산주의'보다 '자유민주주의'가 더 우월한 체제라는 걸 확인시켜 준다.

카이저 빌헬름 기념교회

독일제국의 초대황제 빌헴름 1세를 기념하기 위해 건립된 개신교 교회로, 벽면에 선명하게 남아 있는 총알 자국과 파편 조각을 이어 붙인 천장 벽화는 제2차 세계대전의 참혹함을 짐작하게 한다. 일부는 복구하지 않고 교훈적 장소로 활용한다. 바로 옆에 교회를 신축, 예배공간으로 사용하고 있다. 1960년대 파독 광부와 간호사들이 탄광과 병원에서의 고달픈 일과를 마치고 함께 예배를 드렸던 곳이라고 하니 그 분들의 노력이 쌓여 오늘의 대한민국이 있는 것임은 자명하다.

베를린장벽 그리고 이스트사이트 갤러리

1961년 동독이 동베를린 서쪽 경계선에 존재했던 높이5m 길이165㎢의 장벽으로, 설치 당시 위치를 브란덴부르크 문 앞 도로에 흰색으로 표시, 분단을 상징하는 대표적 구조물이었음을 확인시켜 준다.

냉전의 상징으로 철거되지 않은 1.3㎞장벽 잔해에 21개국 118명 예술가들의 작품이 그림으로 채워져 있는 곳이 바로 이스트 사이드 갤러리다. 냉전의 상징이 예술 공간으로 탈바꿈한 사례로 우리나라 화가 그림이 제일 앞에 있어서 반가웠다. 동서독 분단 시절 국경 검문소였던 체크포인트 찰리도 분단의 흔적임을 말해 주고 있다.

경제적 격차가 워낙 큰 상황에서 일방적인 흡수통합이었기에 아직까지 삶의 질이 그리 나아진 게 없다고 동독 출신자들은 인식하고 있다고 한다. 서독 출신자의 경우도 자기들이 낸 세금으로 낙후된 구舊동독 지역에 집중 투자하는 만큼의 복지혜택이 줄어드는 것에 대한 불만이 있다고 한다.

  워낙 경제적인 격차가 심했던 터라 모든 분야의 정책을 서독 제도에 맞추는 데에는 동독도 이의가 없었다고 한다. 단 하나 동독의 정책을 반영한 것이 바로 암펠만 신호등 사업이다. 베를린의 교통 신호등은 푸른 불이 켜지면 중절모를 쓴 남자가 걸어가는 모양이 나타난다. 이를 형상화한 캐릭터 상품점도 많이 있다.

  우리도 하루 빨리 통일이 되어야 하는 당위성을 인식하는 여행이었다. 다만 독일의 사례에서 보듯이 국민들이 부담해야 할 부분을 어떻게 슬기롭게 감당해야 할 것인가도 우리의 과제임에는 분명해 보인다. 어느 날 갑자기 다가올지 모르는 통일을 대비하는 노력이 우리에게 필요하다고 말하면 언감생심일 수도 있겠다는 생각을 해 본다. 쉽지 않은 일임을 뻔히 알기 때문이다.

몽골제국, 그리고 징기스칸

"고교 3학년 때 바쁠 때일수록 쉬어가야 한다"며 고3이니까 "좀 쉬어라"라는 말을 듣고 여름방학 한 달 동안 아버지와 여행을 다녀왔다. 그리고 "여행에서 돌아오니 너무나 정신이 맑아지고 건강해져서 남은 석 달을 정말 쉽게 공부했던 것 같다. 그리고 바로 K대에 입학했다." 잘 나가던 KBS 간판 앵커를 그만두고 세계 각지를 여행하면서 여행 작가로 유명한 '더 스쿨 오브 라이프(THE SCHOOL OF LIFE)' 손미나 서울 교장이 한 종편에 출연해 한 이야기다.

여행!!
'인생은 나그네 길 빈손으로 왔다가 빈손으로 가는 것'이라고 어느 가수가 〈하숙생〉에서 노래한 것처럼 '인생 삶 자체가 여행 또는 여정'이라고 말하기도 한다. 보다 풍요로운 삶을 위해 열심히 일하는 것이 아니라 여행을 즐기기 위해 일한다는 유럽 사람들도 있다. 나라에 따라 삶의 방식과 기준이 다르다고는 하나 내 집 마련을 위해 허리띠를 졸라매는 우리네 삶을 떠올리며 씁쓸한 기분이 들기도 한다. 치열한 경쟁 속에서 살아가는 대다수 한국 사람의 일상에서 '여행'이 갖는 의미를 한번 곱씹어 볼 필요가 있는 대목이기도 하다.

40년의 공직 생활을 무사히 마무리하고 아내와 함께한 3박 5일의 몽골 여행.

경기도와 자매결연 관계인 일본 가나가와 현청 파견근무 1년, 일본 유학 2년 6개월, 국제교류 관련 업무 등으로 외국을 꽤 많이 방문했는데 공교롭게도 몽골은 기회가 없었던 차에 동호회를 통해 지인들과 함께 글자 그대로 여행의 기회가 주어졌다.

몽골 반점과 생김새 또한 비슷해서 우리와 동질감을 갖게 되는 나라 몽골.

북방계 유목민으로 언어학적으로 우랄알타이어를, 인류학적으로 퉁구스 계통, 그리고 생김새 또한 우리와 비슷해서 동질감

마저 들게 하는 나라 몽골을 여행한다는 것은 설레임 그 자체였다. 끝없이 펼쳐지는 초원과 기암괴석 그리고 몽골의 전통 주택인 게르에서의 숙박 체험은 온돌방에 익숙해진 나에게 큰 호기심이 아닐 수 없었다.

1인당 GNP 3,575불에 불과한 나라지만 맑고 순수함을 잃지 않고 주어진 상황에 순응하면서 누구를 원망하지 않고 지금의 상황에 만족할 줄 아는 넉넉함과 여유로움은 어디에서 나오는 걸까?

비우는 것에 초점을 맞춘 퇴직 후의 삶을 이야기 하지만 아직도 마음 한 구석에는 '뭘 채울까' 하는 욕심이 혼재되어 있음을 고백하면서 좀 더 낮은 자세로 살아야겠다는 다짐을 하는 계기가 되지 않았나 싶다.

또한, 세계를 정복한 위대한 국가 지도자로서가 아니라 인간 징기스칸의 파란만장한 삶을 이해하면서 나는 그 정도는 아니었는데…라는 생각을 해 보았다.

아홉 살 어린 나이에 부족장이었던 아버지가 다른 부족에 의해 독살되고 자신도 버림받아 돌봐 주는 이 없이 남겨진 어머니와 동생을 돌보기 위해 손수 풀뿌리를 캐고 물고기를 잡아 연명했다고 하니 정말 찢어지게 가난했음을 짐작케 한다.

그러던 그가, 1204년 몽골 고원 통일을 시작으로 금나라와 서하, 중앙아시아와 남러시아까지 정복, 세계 최대 제국을 건설한 것은 한 편의 드라마가 아닐 수 없다. 서양 역사를 이야기할 때 알렉산더 대왕을 말하지만, 그가 차지한 그리스, 터키, 중동, 이집트보다 훨씬 넓은 영토를 차지했다고 하니 징기스칸의 당시 영향력의 크기를 짐작하고도 남는다.

드라마와도 같은 삶이었기에 명심보감인 주옥같은 이야기도 많이 남겼다고 한다. 분량이 많기는 하지만 너무 구구절절 마음에 와닿아 소개해 볼까 한다.

"가난하다고 말하지 마라. 나는 들쥐를 잡아먹으며 겨우 살아남았고, 내가 살던 땅에서는 시든 나무마다 비린내만 났다."

"집안이 나쁘다고 탓하지 마라. 나는 아홉 살 때 아버지를 잃고 마을에서 쫓겨났다."

"배운 게 없다고, 힘이 없다고 탓하지 마라. 나는 내 이름도 쓸 줄 몰랐으나 남의 말에 귀 기울이면서 현명해지는 법을 배웠다."

"너무 막막하다고, 그래서 포기해야겠다고 말하지 마라. 나는 목에 형틀을 쓰고도 탈출했고, **뺨**에 화살을 맞고 죽었다 살아나기도 했다."

이번 여행을 통해 일개 가난한 빈국이 아니라 몽골의 진면목을 이해하게 되었을 뿐만 아니라 인간의 행복은 물질만으로 채워질 수 없다는 것을 절감하게 되었다. 또한, 작은 것에 감사할 줄 아는 넉넉함과 여유로움이 과도한 경쟁 의식 속에 살아가는 우리네 생활 방식이 바뀌어야 한다는 생각과 더불어 징기스칸과 같은 위대한 국가 지도자가 대한민국에도 하루빨리 나오기를 기대해 본다.

역사의 현장 심양에서

 45일간 항전에도 불구하고 조선은 1637년(인조15) 1월 30일 국왕 인조가 삼전도에서 청 태종에게 항복함으로서 병자호란은 막을 내린다.
 하지만 정축맹약에 따라 병자호란 이후 조선의 16번째 임금인 인조(재위1623~1649, 26년)의 맏아들 소현세자(1612~1645, 29세)와 봉림대군을 비롯한 무고한 조선 백성은 길고 긴 타국 땅 청나라에서 인질 생활이 시작되었다.
 후에 청나라가 된 후금에 대한 이해 부족과 지나친 친명정책이 청나라에 무릎을 꿇 수밖에 없었던 굴욕의 역사로 남아있다.
 소현세자는 9년간의 타국 생활에서 돌아온 지 얼마 되지 않은 30대 초반의 나이에 갑작스런 죽음을 맞이하는 비운의 왕자가 되고 말았으니, 아픈 한국사의 한 대목이 아닐 수 없다.

최명길의 현실주의 & 김상헌의 절개

'항전'이냐 '항복'할 것인가를 두고 치열하게 대립하는 이병헌(최명길 역)과 김윤선(김상헌 역)의 영화 〈남한산성〉의 한 장면이 떠오른다.

항복해서 목숨만은 보전하자는 주화파의 대표 최명길, 모두가 죽더라도 끝까지 항전해야 한다는 김상헌의 극단적 주장은 각각 일리가 있다. 따라서 '절개적 잣대'와 '현실주의적 잣대'에 대해 각각의 합리성을 인정해야 한다.

현실주의자 최명길과 절개를 주장한 김상헌의 의견을 두고, 옳고 그름으로의 접근은 한쪽으로 치우칠 경향성이 있기 때문이다. 의사결정권자로서 인조가 당시 상황 요소를 고려, 항복으로 결론을 내린 것으로 마무리하는 것은 어떨까?

우리의 한국인이 갖는 유교적 정서상으로는 척화파의 주장에 더 가치를 부여할 수밖에 없음은 별개로 하고 말이다.

한양을 출발, 중국 심양까지 3천 리 길을 끌려가며

소현세자와 봉림대군뿐만 아니라 윤집, 오달제, 홍익환 등 3

학사를 비롯한 공직자 자제를 포함 환관, 궁녀, 역관, 군관, 의원 등 300여 명이 한양을 출발, 심양관까지 한 달여에 걸쳐 인질로 끌려가면서 느꼈을 고통스런 심정을 헤아려 본다.

압록강에서 책문까지 봉금封禁지역 설정으로 인해 구련성 들판과 탕산성 일대에서 노숙할 수밖에 없었던 당시 처참한 상황을 떠올리려니 가슴이 먹먹해진다.

이후로도 조선 사람 52만이 포로와 인부로, 조선 여인 수만 명도 끌려가 노비나 노리가 되어 갖은 고초를 겪으면서 자신들을 지켜주지 못한 국가에 대해 많은 원망을 했을까? 아니다. 착한 우리 백성은 위정자들을 욕하기보다는 왕과 나라 걱정을 먼저 했을 것이다.

지워지고 사라지는 역사의 현장

이제 중국 정부의 무관심 속에 생생한 역사의 현장이 서서히 지워지고 사라지고 있는 현실이 안타깝다. 최근의 대중對中관계의 악화로 비추어 볼 때 앞으로도 계속될 것은 불 보듯 뻔하다. 대련의 여순감옥 내에 있는 안중근 의사의 사형死刑집행장만을 유독 개방하지 않는 것 또한 이해하기 어려운 대목이다.

소현세자와 봉림대군의 거처 및 집무실이었던 심양관瀋陽館

또한 기념관으로 사용되어 한국 방문자들의 견학이 가능했으나, 전혀 상관이 없는 어린이 도서관으로 개조되었다가 지금은 폐관된 상태다. 우리 일행이 방문했을 때에는 사회복지시설로의 개조 공사를 하고 있어 출입자체를 할 수가 없었다. 참으로 안타까운 현실이다.

심양 남탑공원의 아픔

조선 포로들을 노비로 매매하여 많은 포로들이 노비로 팔려갔다는 그곳은 전자상가로 바뀌어 있다. 당시 조선에서는 자식, 며느리, 딸을 구하기 위해 전대를 차고 심양으로 달려갔다고 한다. 정절이 강한 조선 여인들은 귀국 도중 소나무에 목을 매어 죽는 사람도 많았다고 한다.

속환해 오는 여인들의 정절을 묻지 말고 받아주라는 인조의 하명에도 죽는 이가 많았다고 한다. 서대문구 홍제천에서 머리를 감고 도성으로 들어오면 모든 걸 불문에 붙이겠다고 특명을 받고나서야 야음을 이용, 무사히 도성으로 들어온 사람도 많았다고 한다. 왕의 은혜에 감읍感泣하여 훗날 동네를 홍은동弘恩洞이라 했다 한다.

흥미위주의 이야기일 수도 있으나, 곰곰이 생각하면 안타깝기 그지없는 일이다.

환향녀還鄕女 또한 같은 맥락의 이야기다. 당시 조선인들의 처절한 고통을 아는지 모르는지 남탑공원 한켠에서 강사에 지시에 따라 한가로이 운동에 몰두하는 중국인들을 면전에서 대하려니 화가 치밀어 오른다.

광주의 역사를 이야기할 때 병자호란의 최정점에 있는 남한산성, 그리고 현절사에 모셔진 삼학사를 빼놓을 수 없다.

국가가 위기에 처해 있을 때마다 살신성인殺身成仁의 자세로, 개인의 안위보다는 국가를 우선했던 선공후사先公後私의 마음가짐으로, 위기를 대처하려 했던 (어찌보면 무모했을지도 모르는) 윤집·오달제·홍익한 등 삼학사의 애국정신愛國精神이야말로 국가를 생각하는 참다운 가치관임은 자명하다.

'역사를 잊은 민족은 미래가 없다'라는 말을 한다.

OECD회원국으로 세계 경제 10위 규모의 대한민국이 있기까지는, 전력투구한 선대들의 피와 땀이 있었기에 가능했다. 지금이야말로 '옛것을 익히고 그것을 통해 새로운 것을 안다'는 온고지신溫故知新의 마음가짐이 필요한 때다.

미래를 짊어지고 나갈 젊은 청소년들에게 해외 역사 현장 탐

여행은 갤러리다 235

방 기회를 만들어 이를 실천하는 노력이야말로 광주문화원에서 앞으로 해야 할 일로 여겨진다.

살며 살아가며—문학인으로의 삶

문학인으로의 삶

'직업'이란?

사전을 찾아보니, '개인이 사회에서 생활을 영위하고 수입을 목적으로 한 가지 일에 종사하는 사회 활동'이라고 정의하고 있다.

생활기록부 작성할 때 힘들었던 초등학교 시절이 떠오른다.

요즈음은 개인정보보호 차원에서 작성을 하지 않지만 당시에는 부모 직업을 쓰게 되었던 시절 이야기다. 직업의 귀천이 없는 시대라고 하지만 어린 마음에도 대략 난감할 수밖에 없었다. 주변 친구들은 익히 알고 있지만, 굳이 그것을 생활기록부라는 곳에 남기고 싶지 않았다. 초등학교 시절 아버지 직업은 '노동'이었다. 지금은 안 계시지만 누구보다도 착하고 성실하게 남을 배려하는 마음으로 살아오셨고, 아들의 성공을 누구보다도 바랐던 자랑스러운 아버지셨다.

그런 내가 자라고 성장하면서 사회생활과 더불어 열심히 일한 대가로 월급을 받아 가족의 생계를 책임질 수 있는 안정된 '직업'을 가지게 되었다.

고등학교를 졸업하고 지금의 광주시인 광주군에서 현재의 9급인 5급 을류 공무원 시험에 합격, 공직에 입문한 이래 '공무원'이라는 직업으로 장장 40년을 살아왔다. '공무원' 뿐만 아니라 일정기간이 지나 무조건은 아니지만 승진을 하면 팀장, 과장이라는 직위로도 살아왔다. 종합행정인 지방행정의 특성상 많은 부서를 이동하면서 팀장, 과장의 직위도 있었다.

수도권 시민들에게 맑고 깨끗한 물 공급을 위한 일을 담당할 때에는 수자원본부장, 명예퇴직 후 공공기관 근무할 당시는 경영관리본부장으로도 살아왔다.

공직을 오래하다 보니 부시장, 부군수 거기에다 시장 부재 시 時에는 시장 권한대행이라는 호칭으로 살았고 퇴직 후에는 다소 어려운 점은 있으나 문인협회 회장이라는 과분한 직위도 갖게 되었다. 아버지 직업을 뭐라 써야 할지를 두고 힘들어했던 어린 시절을 떠올리려니 웬지 가슴이 울컥해진다.

외길 공직 40년과 어린 시절을 비교하면 그야말로 격세지감隔世之感 이라는 표현 이외에 달리 표현할 방법이 없다.

'호사유피 인사유명虎死遺皮 人死遺名'이라는 말이 있다.

호랑이는 죽어서 가죽을 남기고 사람은 죽어서 이름을 남긴다는 의미이다.

흔히 말하는 세상에서의 출세를 의미하기도 하지만, 나누고 베푸는 삶을 통해 세상의 빛이 되어야 한다는 의미가 더 강하지 않을까 싶다. 힘들고 고달픈 현실에서도 미래의 행복을 위해 심기일전하는 마음 자세가 필요하다는 명심보감의 의미도 있음은 당연한 일이다.

태어날 때 부모님께서 지어주신 이름보다는 공직 내에서 붙여진 인위적 직위로 살아온 40년. 성공이라는 잣대로만 보면 성공한 삶일 수도 있지만 조직에서 부여된 업무 수행을 위한 꼭두각시의 삶은 아니었을까라는 생각을 해 본다. 과거의 직위가 당시에는 활용되었을지 모르지만 지금의 나를 대변하는 것은 절대 아니기에 과거에 연연한 삶에 박수칠 사람은 아무도 없지 않을까 하는 생각 또한 해 본다. 과거의 시간을 그리워하지 말고, 지금의 내 삶에 감사하는 마음. 과거의 사람보다는 지금 만나고 있는 사람들과 부대끼며 살며 살아가는 게 삶을 대하는 현명한 태도라는 걸 깨닫는 요즈음이다.

문학에는 문외한이었던 내가 사랑하는 아들을 하늘나라로 보내고 '글'이라는 매개체로 천상 대화를 하고 있다. 아이의 죽음이 아니었다면 엄두조차 낼 수 없었던 글재주로 써 내려간 작품을 통해 등단과 함께 수필가로써 문학인의 삶을 살고 있다. 문인협회 회장이라는 과분한 직책과 함께 퇴직 후의 삶까지 배려해 준 천상의 아이에게 그저 고마울 따름이다.

문학이란 '사상이나 감정을 상상의 힘을 빌려 언어로 표현한 예술 또는 작품'이라고 정의한다. 비대면을 요구받는 포스트 코로나 시대를 극복해 나가는 현명한 선택지 중의 하나임을 깨닫기도 한다.

'종이와 연필 한 자루만 있으면 가능한 게' 바로 문학이라는 한 문학 선배의 말이 떠오른다. 부시장, 부군수 등 과거 직위가 지금의 삶을 좌우하지 않는다. 문학인으로 살아가는 지금의 삶이 더 행복하고 감사할 따름이다.

정현이와 함께한 기억들

2004년 12월 29일
군에서 보낸 이 세상에서의 마지막 편지

Dear. 사랑하는 가족 에게...
지금은 영외각 편지쓰는 시간을 따로 주었습니다. 가족에게..
이제 이틀후면 2005년 새해가 밝네요.. 2004년에 너무나
많은 일이 있었듯기 같아요. 제일 큰일(?)이라고 하면 역시 군대에
온거 올해 한해 가장큰 행사(?) 인거 같아요. ^^;
어제 훈련을 마치고 306 보충대에서 있다 왔던 것 같은데, 어느덧 4달이 지나고
해가 바뀌네요. 이제 20개월 남은건가.. ㅜㅡㅜ; 군대 와서 힘들기도 힘들지만
전역 할때는 정말 달라진 아들이 되어서 나가겠습니다.
여기와서 엄마, 아빠, 민경이, 찬이.. 제가 얼마나 사랑하고 있는지
알게 되었어요. 말로는 표현하지 못할만큼 너무나 사랑하기에..
가족이 영어로 FAMILY 잖아요.. 하나씩 뜻이 뭐냐 무슨뜻인지 아세요?(?
F-father A-and M-mother I-I L-l Y-you ♥이뜻이래요~♡
☆ 암튼 저도 적응도 잘하고 있고 힘든 훈련 이겨내면 저의 자신이
너무 뿌듯합니다. 가족들 생각하면 힘도 많이 나고.. 보초설때도
제가 보초서서 가족들이 더행복하고 잘 수 있다라고 생각하면
추위도 견뎌낼수 있습니다.
이젠 저의 힘의 원천인 가족들. 아프지 마시고 건강하고 항상 다행원었다.
아버지도 회사에서의 스트레스 받으시고 몸도 많이 피곤하실텐데..
엄마도. 결혼하시고 계속 지금까지 덕분에 하시느라 정녕이 하셨으나. 정말 너무 많이
고생 하셨는데.. 할머니도 건강하셔야 되는데.. 엄마다 아플실때고 겉도 못주무시는데..
민경이 한테도 오빠로써 제대로 해본적도 못했는데..
너무너무 걱정되고 후회되고 죄송할 따름입니다. 전화하면 걱정적 하지 말라고
하는데.. 그래도 보고싶고 걱정이 됩니다.
다음 휴가에 가족들과의 시간을 뜻깊게 보내고 싶습니다.
그때 그때까지 건강하시고 새해복 많이 받으세요~!!

2004. 12. 29
- 정 현이 올림 -

당신이 있다는 걸 너무 늦게 알았습니다

6살 무렵 가족 함께 강원도 속초 동해안 가족 여행

일본 유학 시절 하코네 아시노湖에서 후지산을 바라보며 동생과 함께

2002월드컵 한일공동개최 때 터어키와 4강전 응원
(일본 가나가와현민단 사무실)

만화책을 좋아했던 아이였다(일본 고교 재학 중)

다니던 경기대학교 일어일문학과 강익동 앞에 심어진 정현수와 묘비석

일본 가나가와고등학교 재학시절 오시노 담임선생

정현이가 근무했던 부대 정문 옆에 세워진 추모비(강원도 철원)

정현이가 세상 떠나던 날에 맞춰 화세를 받다(2017년)

국립대전현충원 안장을 끝으로 영면에 들어감(2005년 3월 12일)

두 번째 추모 출판 표지 『정현아 고마워!』

10주기를 맞이하여 『정현아 고마워!』 출판기념회

2024년 12월 광주비전 기사

삶을 살아보려 슬픔과 아픔을 쓴다

김한섭 광주문인협회 회장

그 어느 때보다 문학을 향한 관심이 커지고 있다. 광주문인협회 회장으로서 지역 문학 발전 방향을 고민하고, 광주문화원 부원장으로서 지역 향토 문화 계승을 위해 노력하는 사람, 김한섭 회장을 만났다.

아픔을
이겨내기 위한
글쓰기

고향인 광주에서 공무원 생활을 시작해 38년 7개월 간의 공직자 생활을 마무리했다. 여러 지역에서 살다가 나고 자란 고향인 퇴촌으로 돌아왔다. 김한섭 회장은 "촌 동네에서 순수한 마음으로 가난을 이겨내며 자라왔던 어린 시절이 있었기에 지금의 내가 있다"라고 말한다.

"팔당댐이 완공되기 이전이었죠. 미루나무 옆을 지나가던 소달구지, 덜커덩거리는 나무 바퀴, 기름진 퇴촌 쌀을 생산하던 농경지, 맑은 경안천에서 멱을 감던 추억… 사람 냄새 나는 정겨운 곳이죠. 비록 가난한 집에서 고통스럽고 힘든 유년 시절을 보냈지만, 어려움을 이겨내겠다는 어릴 적 다짐 덕에 조금 더 치열하게 살 수 있었습니다."

김 회장은 2006년 계간지 '한국작가'에서 수필로 등단했다. 공무원 재직 시에는 '경기도청 공무원문학회' 회장을 맡았으며, 2020년 광주시문인협회장으로 취임했다. 현재 광주문화원 부원장 등 여러 일을 겸하고 있지만, 그를 수식하는 대표 직함은 '수필가'이다. 퇴촌에 터를 잡은 이유는 오직 '글쓰기'였다. 단순하지만 명료한 목적이었다. 온몸이 산산조각나는 듯 고통과 아픔을 이겨내기 위한 글쓰기, 처절한 슬픔을 극복하려는 몸짓이다. 그는 아들을 잃은 후 그리움에 사무치는 나날을 보냈다. 스물셋 젊은 나이에 군부대 차량이 전복되는 사고로 순직, 대전국립현충원에 영면에 든 아들을 추억하고, 기억하고, 추모하기 위한 방식으로 글쓰기를 택했다.

"요즘 제 삶의 좌우명은 '당연한 것을 당연하게 생각하지 말고 감사하게 여기는 것'입니다. 당연하게 곁에 있어야 할 아들이 한순간에 떠날 것이라고 예상하지 못했으니까요. 제가 태어난 고향에서 아들을 잃은 슬픔을 극복하고 있어요. 이렇게 아늑한 곳에서 가시지 않을 아픔을 이야기한다는 것, 결코 쉬운 일은 아닙니다. 책상 앞에 앉으면 늘 아이부터 생각해요. 살아있을 때 해주지 못한 것들을 떠올리면서요. 저는 아이와 함께 글을 쓰고 있습니다."

김 회장은 힘들고 지칠 때면 아이가 잠들어 있는 대전현충원을 찾는다고 한다. 2006년 《이 세상에서의 마지막 편지》를 출판했고, 2015년 김한섭, 석순옥 부부는 아들의 10주기를 맞아 수필집 《정현아 고마워》를 발간했다. 아내 석순옥 씨도 2014년 '새가 되어'로 <한국작가> 수필 부문 신인상을 받은 작가이다. 부부는 장례를 마친 뒤 국가로부터 받은 순직위로금을 모아 2,000만 원을 아들의 모교인 경기대학교에 장학금으로 기부했고, 김 회장의 퇴직수당 2,000만 원도 장학금에 쾌척했다. 20주기를 맞이하는 2025년에 세 번째 추모 출판을 계획 중이다.

"자식을 먼저 떠나보낸 부모들이 제 글을 읽으며 조금이라도 위로 받았으면 좋겠어요. 글을 읽고 포기하지 말고, 잘 살아보자며 옷깃을 여밀 수 있는 힘을 드리고 싶습니다."

삶에 다양한
무늬를
만들어내는
인문학

광주문인협회는 매년 《광주문학》을 발간하고 있다. 김 회장은 신인들의 탄생을 독려하고 있다. 광주시립도서관에서 '문학창작교실'을 운영하며 시·소설·수필 강좌를 진행, 문단에서 이름난 명강사들을 초빙해 수준 높은 강의를 열었다. 매년 시민의 문학적 감수성을 북돋는 시화전과 시낭송회도 열고 있다.

"일상에 지친 사람들에게 어떻게 하면 마음의 양식을 전할 수 있는지, 정신적으로 풍요로운 삶의 질 향상 방안을 고민하고 있습니다. 광주문인협회로 인해서 시민들의 삶이 즐거워지고, 인문학적 소양을 높일 수 있도록 도와드리고 싶어요. 협회가 광주시를 알리는 활동에도 적극적으로 참여하며 지역을 넘어서 이름을 알릴 수 있도록 외연 확장에 큰 노력을 기울이고 있습니다."

또한 협회 회원들의 화합과 단결, 협회의 위상을 높이기 위해서 많은 노력을 기울이겠다고 밝혔다. 협회의 방향성을 이야기하던 김 회장의 결론은 자연스럽게 '인문학의 쓸모'로 귀결됐다.

"다양한 갈등이 만연한 사회예요. 문학을 가까이하면 폭넓은 사고를 할 수 있게 돼요. 타인의 생각을 읽으며 세상을 바라보는 시선을 확장시킬 수 있죠. 문화를 이해하고, 다양한 사례와 경험을 터득할 수 있습니다. 가치관이 넓어지며 마음이 풍요로워지는 지름길, 바로 책 읽기입니다. 지금 우리는 나와 다른 사람들을 이해하고, 미워하지 않으며, 수치스러움을 느낄 줄 알고, 겸손한 태도로 일상을 살아보는 것도 필요한 때입니다."

1, 2, 3 김한섭 광주문인협회 회장은 퇴촌에서 수필가의 삶을 살고 있다.

2007. 3. 19.(월) 한겨레신문

"자식 먼저 보낸 '못난 아비' 심정 담았죠" 군복무 중
잃은 아들 2주기 맞아 책 펴낸 김한섭씨

가족의 소중함·아픔 틈틈이 적은 '…마지막 편지'
군에서 자식잃은 부모 마음 이해하는 계기 됐으면

사랑하는 자식을 먼저 저세상으로 떠나보낸 부모의 마음에는 무엇이 남아있을까. 그저 그리움과 안타까움에 지쳐 눈물도 가슴도 말라가는 애타는 심정만이 가득 차 있지 않을까. 경기도 국

제통상과 김한섭(51·사진) 과장은 2년 전인 2005년 1월18일 강원도 철원에서 군 복무 중이던 외아들(정현·당시 22살)을 잃었다.

민통선 초소 근무를 마치고 부대로 복귀하다 차량 전복사고로 숨진 것이다.

아들이 재학중이던 경기대 일어일문학과에 2005년 6월 국가로부터 받은 순직위로금을 모아 장학금 2천만 원을 전달했고, 경기대는 지난달 정현씨에게 명예졸업장을 수여했다.

하지만 김 과장은 먼저 떠난 아들을 결코 잊을 수 없어 부정父情을 틈틈이 글로 써왔다. 그가 최근 아들 사망 2주기를 맞아 『이 세상에서의 마지막 편지』(공감사)라는 책을 펴냈다. 숨지기 한달쯤 전인 2004년 12월29일, 아들 정현씨는 아버지에게 한 통의 편지를 보냈다. "가족이 영어로 Family잖아요. 하나씩 풀이하면 무슨 뜻인지 아세요. F-Father, A-and, M-Mother, I-I, L-love, Y-you의 뜻이래요." 아들의 마지막 편지였다. 그리고 2년이라는 세월이 흘렀지만 눈에 넣어도 아프지 않을 아들을 잃은 가족의 아픔은 책 곳곳에서 진하게 묻어나온다.

"아내는 지금도 아이가 사용했던 핸드폰 요금 3,800원을 매달 납부하고 있어요. 애 엄마한테 세상에 없는 놈 휴대폰인데 해지시켜야 하는 것 아니냐고 말하면 아내는 휴대폰을 없애버리면 아들한테 혼난다고 말해요. 집 사람은 살아 있는 동안 매달 요금을 납부할 겁니다."

김 과장 역시, 아이를 보내고 난 뒤 방송에서 군 관련 사병들의 사고가 나오면 텔레비전을 끈다. 또 장손이면서도 추석 등 명절에도 따로 제사를 지내지 않는다고 한다.

김 과장은 "공직 생활 내내 이런저런 핑계로 가족이 오순도순 식사 한번 제대로 한 기억이 없는, 나는 못난 아빠였다"고 고백한다.

지난달 이라크에서 숨진 윤장호 하사 가족을 만나 위로하기도 했던 그는 "가족의 소중함과 함께 자식을 군에서 먼저 보낸 아픈 마음을 세상이 조금이나마 이해할 수 있는 기회가 됐으면 하는 마음에 책을 냈다"고 했다.

수원 / 홍용덕기자
ydhong@hani.co.kr

[社說] 김한섭 포천시 부시장의 명예로운 퇴임
포천신문 / 2015년 12월 31일

김한섭 포천시 부시장은 지난 1977년 5월14일 공직에 입문해 경기도와 시·군 주요부서를 거쳐 온 인물이다. 1985년 10월31일 경기도로 전입한 후, 1996년 9월21일에 지방행정사무관으로 승진해 경기도 건설과 관리팀장, 성남시 청소과장, 경기도 무역진흥과 수출지원팀장, 총무과 총무팀장 등 주요 요직을 두루 거친 다음 2007년 2월22일에 지방서기관으로 승진해 경기도 국제통상과장, 보육정책과장, 특별사법경찰단장, 총무과장, 연천군 부군수, 경기도수자원본부장 직무대리를 역임했다.

그리고 올해 2월 27일 지방부이사관으로 승진하면서 포천부시장으로 재직했다. 당시 구속돼 재판을 받고 있던 시장의 권한을 대행하는 자리여서, 시장이 출소하기 전인 11월 중순까지 8개월 가량 포천시장의 권한을 대행했다. 그리고 지난 28일 명예퇴임식을 가졌다.

그는 도지사표창을 무려 3차례 수상했으며, 특히 지난 2005년에는 우수공무원으로 선정돼 대통령 표창을 수상했다. 특별사법경찰단장에 재직 시에는 점검 위주의 일제단속이 아닌 사회흐름을 반영한 테마 단속으로 당시 전국 특별사법경찰단 중 최고의 실적을 거뒀으며, 총무과장으로 재직 시에는 감동행정을 실천하면서도 '제11회 팔달문학상'을 수상했고, 수자원본부장 직무대리를 수행하면서는 '제7회 SBS물환경대상' 정책·경영 부문 대상을 수상했다.

김한섭 부시장은 자신의 퇴임식에서 다음과 같은 퇴임사를 남겼다. "좋지 않았던 것보다는 아름다운 것만 간직하고 떠나고 싶습니다. 무심코 던진 한마디로 상처 받은 분들에게 이 자리를 빌어 사과의 말을 전하고 싶습니다. 아쉬움을 뒤로 하고 앞으로 어디에 있든 또 하나의 고향인 포천을 항상 후원하고 응원하겠습니다."

김 부시장은 직무가 정지된 시장을 대신해 위기에 빠진 포천시와 시민들을 구하기 위해 긴급 기용된 구원투수로 나름의 최선을 다했다는 평가다. 공격적인 행정업무 추진은 어려웠겠지만, 추진 중인 현안사업과 숙원사업들을 진행하는데 노력하는 모습을 보였다.

명예퇴임을 한 달 앞둔 지난달 28일에는 포천시 신북면 소재 장자마을 행복학습관에서 '인생은 미완성'이라는 주제로 특강을 진행하면서 인생에 대해 진지하게 논하기도 했다.

"힘들고 어려움이 있어도 희망은 늘 있는 것입니다. 행복을 얻기 위한 필수조건이 '실천'입니다. …우리가 살면서 힘들어도 곁에는 늘 행복한 요소가 있기 마련인데 그것을 우리가 알지 못해 곁에 없을 때라야 비로소 행복이 무엇인지 깨닫는 경우가 많습니다."

이날 김 부시장은 평소 마음속에 새겨왔던 공직관과 마인드를 솔직담백하게 쏟아내 주민들로부터 호응을 얻었다. 또 좌우명을 '진인사대천명'이라고 밝히기도 했고, 자신의 아들을 군에서 잃었던 슬픔을 예로 들면서 수강주민들을 감정을 한껏 고조시키면서 뭉클하게 만들기도 했다.

김한섭 부시장은 또 시장의 공석으로 시장 권한대행을 맡는 동안의 소회를 다음과 같이 밝히기도 했다. "'빈 자리'의 중요성이 얼마나 큰 것인지 실감했습니다. 8개월 동안의 시장직무를 대행하면서 시정을 책임지는 동안 훌륭하지는 않았어도 진정성을 갖고 일했던 사람, 일관성이 있었던 사람으로 시민들에게 기억됐으면 합니다."

평소 올바른 성격과 강력한 지도력으로 행정을 추진하면서도, 특유의 원만한 포용력으로 직장 상·하 동료 간 신의가 두터워 많은 이들의 존경을 산 김한섭 부시장. 공직생활의 마지막 해가 메르스 사태 등 다사다난해 수고가 많았겠지만, 오히려 더욱 많은 사람의 기억에 남을 족적을 남긴 특별한 2015년이 됐길 바라면서, 새로운 시작에 격려의 박수를 보낸다.

위로와 격려의 이야기

영결식 조사
김정현 일병은 왜 보이지 않습니까?

故김정현 일병의 영전에 명복을 빕니다. 믿기지 않는 비보에 놀랍고 슬픈 마음이 가득했는데 영전 앞에 서고 보니 또다시 가슴이 미어집니다. 김정현 일병은 전투원으로서 주어진 임무를 항상 묵묵하고 성실하게 수행했고 선임병들을 잘 따랐습니다. 그래서 선임병들도 그를 아끼고 좋아했으며 때로는 소대를 활기차게 하는 전우였습니다. 또한 일본어에 능통하여 일어로 대화할 때면 이루 말할 수 없이 부럽기도 했고, 언제라도 일본어를 물어볼 때면 귀찮을 법한데도 싫은 표정 한번 짓지 않고 성실하게 알려 주었습니다.

본인이 소대 후임병인데도 후임병들이 힘들 때면 친형보다 더 따뜻하게 감싸주고 위로해 주며 다정다감했던 모습은 지금도 잊을 수 없습니다. 그리고 아무리 힘들고 어려운 일이 있더라도 힘든 내색 한 번 하지 않고 늘 긍정적이고 적극적인 자세로 생활하여 소대에서 활력소가 되고 분위기를 밝게 하는 역할을 했습니다. 그랬던 김정현 일병이 싸늘한 몸이 되어 우리의 곁을 떠났다니 믿어지지 않습니다.

사고 당일에도 주어진 경계근무를 완벽하게 수행하고 교대하던 중 본인도 추위에 힘들었을 텐데, 남아있는 후임병들에게 수고하라며 손을 흔들고 미소를 보내던 모습이 마지막이 될 줄 누가 알았겠습니까? 지금도 김 일병이 근무 나갈 준비를 하자며 내무실로 들어올 것만 같은 생각에 목이 멥니다.

이제 떠올랐던 태양은 변함없이 떠오르고 모든 것이 변함없건만 왜 김정현 일병만 보이지 않습니까? 내무실 가운데를 차지한 텅 빈 관물대를 바라보며 그 빈자리만큼이나 아픈 상처가 우리에게 다가오는 것은 김정현 일병이 그만큼 소중한 존재였다는 증거일 것입니다.

이제는 차디찬 몸이 되어 누워 있으니 이 큰 슬픔을 표현할 길이 없습니다. 김정현 일병을 마지막으로 보내는 이 자리에 엎드려 복받쳐 오르는 슬픔을 삼키며 삼가 고인의 명복을 빕니다.

부디 편히 잠드소서.

2005년 1월 20일

후임병 조사 대표 OOO

영결식 조사
부디 가는 길 평온하고 영면하소서!

안타까운 청춘을 국가를 위해 몸 바치다 먼저 간 故김정현 일병의 영전에 7연대 모든 장병을 대표하여 삼가 머리 숙여 명복을 빕니다.

사랑하는 김정현 일병!

인간은 신이 정한 운명 앞에 누구도 어쩔 수 없다고는 하지만 오늘 그대가 그토록 사랑하던 가족들과 전우들을 남겨 놓고, 조국과 군을 위해 해야 할 일이 아직도 많은데, 이 모든 것을 뒤로한 채 이렇게 홀연히 우리 곁을 떠나가다니!

슬프고 애석한 마음을 나눌 길이 없습니다. 며칠 전까지만 하더라도 순찰할 때면 혹한의 맹추위에도 양지리 통제소, 토교지 초소, 강산지 초소에서 경계근무에 매진하면서 "필승! 근무 중

이상 없습니다", "계속 근무하겠습니다", "연대장님! 수고하십시오"라고 하던 씩씩한 모습과 다정한 음성이 지금도 내 눈과 귓가에 머물고 있건만….

그 모습이 고인에 대한 마지막 기억이 되었다고 생각하니 너무나 비통하여 눈물이 앞을 가립니다. 이제 갓 스물셋의 젊은 나이에 국가의 부름을 받고 적과 가장 가까운 이곳 중부 지역 최전방에서 조국 수호의 선봉장으로 부여받은 임무를 수행하는데 온갖 노고를 마다하지 않던 그대의 조국을 사랑하는 남다른 정신과 기상은 우리 부대의 자랑이었습니다.

비록 우리 곁을 멀리 떠난다 할지라도 생전에 남겨 놓은 소중한 기억들과 고귀한 희생을 가슴 깊이 새기며 조국이 우리에게 부여한 사명을 훌륭히 완수해 나갈 것입니다.

그러니 미처 베풀지 못한 사랑, 펴보지 못한 청운의 꿈들, 무거운 짐들은 모두 이 땅에 묻어 두고 고통 없는 하늘나라에서 영생 영복하기를 간절히 기원합니다. 자랑스러운 군인의 명예와 헌신적인 공로를 남기고 떠나는 김 일병!

부디 가는 길 평안하고, 길이 영면하십시오.

2005년 1월 20일
제7보병연대 연대장 대령 정수완 장례위원장

출판 추모
오늘따라 아침부터 눈이 많이 내리는군요!

하얗게 눈 덮인 아름다운 교정을 내려다보면서 문득 우리들 인간 삶의 의미를 되새겨 봅니다.

많은 성현의 훌륭한 가르침에도 불구하고, 하루하루를 살아가고 있는 우리들에게는 삶이 때로는 기쁨이요 행복이지만, 또 때로는 고통이요 허무입니다.

사랑하는 아들을 꽃다운 나이에 저세상으로 떠나보내고 이루 말로 표현할 수 없는 애끓는 그리움과 미안함을 아들에게 전하고자 틈틈이 쓴 글을 정리하여 아버지 김한섭, 어머니 석순옥, 여동생 김민정의 이름으로 추모집을 발간한다니, 견디기 어려운 고통을 이겨내고 꿋꿋하게 일어나 참된 삶의 의미를 보여준 가족들에게 심심한 위로와 감사를 드립니다.

특히 가족들은 경기대학교 일어일문학과 2학년 1학기를 마치고 입대入隊를 위해 휴학한 아들 정현이의 못다한 꿈을 후배들을 통해서라도 이룰 수 있기를 기대하면서 거액의 장학금을 경기대학교에 기부해 주셨습니다. 너무나도 감사하고 자랑스럽습니다.

비록 이 세상에는 없지만, 하늘나라에서 늘 가족들을 지켜보고 있을 착하고 훌륭한 정현이를 생각하며 가족 모두 더욱 굳건하고 감사하는 마음으로 생활하시기를 기원합니다.

2007년 1월
경기대학교 총장 이태일

출판 추모
마치 둔기로 머리를 얻어맞은 것과 같은 충격이었습니다.

몇 해 전 1학년 수업에서 뒷자리에 수줍은 듯이 앉아 있던 한 학생이 있었습니다. 수업 수준이 맞지 않는지 다소 지루한 듯한 표정이었지요. 휴식 시간에 그 이유를 묻자, 일본에서 살았던 경험이 있어 배우는 내용이 쉽기는 하나 복습하는 의미로 열심히 하겠다고 하며 아버지가 교수님을 안다고 했다는 것입니다.

이야기를 들어보니 경기도청 공무원이신 정현이 아버님이 일본의 가나가와현[神奈川縣] 초청으로 석사과정 대학원 진학의 기회가 주어져 일본에 가게 되었는데 학교를 정하는 문제로 상담을 한 적이 있다는 것입니다.

기억을 더듬어 보니 그런 상담을 했던 것이 기억났습니다. 그분의 아들이 경기대에 그것도 일문과에 진학을 했다니 정말로

위로와 격려의 이야기 271

인연이 있긴 하구나 하는 생각이 들었습니다.

그렇게 만난 정현이와의 인연은 그리 오래가지 않았습니다. 학년이 바뀌고 군대에 갔다는 이야기를 들은 지 얼마 후 사고 소식을 접하게 되었습니다.

마치 둔기로 머리를 얻어맞은 것과 같은 충격이었습니다. 그런 충격을 받은 지도 벌써 2년의 시간이 흘렀습니다.

가끔 뵙는 정현이 아버님의 눈물 젖은 눈가와 쓸쓸한 표정 속에서 과거의 사실이 아닌 현재 진행형의 일임을 느낍니다.

지면을 통해 읽은 부모님의 통절할 심경과 주변 분들의 안타까운 마음들이 느껴집니다. 저 또한 아무런 도움도 되지 못한 무력감을 느낍니다.

정현이는 이제 이 세상을 떠났지만 아직도 우리들의 마음속에 남아있음을 확신합니다. 정현장학금을 통해 매 학기 전달되는 부모님의 자식 사랑하는 마음과 4강의동 앞에서 밝은 햇살을 받고 있는 '정현수正賢樹'를 통해 아마도 경기대가 존속하는 동안 정현이에 대한 기억은 계속되리라 믿습니다.

정현이의 가족들이 아들을, 오빠를 기리는 마음으로 그동안 기록했던 사랑의 마음을 흔적으로 남기려 합니다. 이 추모집을 통해 가족의 사랑을 확인할 수 있으면 이 시대의 아름다운 한 모습을 볼 수 있을 것으로 생각됩니다.

  다시 한번 경기대 일어일문학과를 대표해 유가족 여러분께 심심한 위로와 경의를 표하는 바입니다.

2007. 1.
지도교수 경기대학교 일어일문학과 박재환 교수

추모 시
녹지 않는 아이스크림

　지난 현충일, 대전 국립현충원 한 묘지에 50대로 보이는 부부가 정성스럽게 제사상을 차리고 있다. 제사상은 묘역 작은 공간 유리 상자 속에 장난감 자동차 몇 대, 필기구, 메모지와 음악 디스켓 그리고 모자를 어슷하게 눌러 쓴 20대 젊은 청년 사진도 들어 있다. 아마도 이 묘의 주인공 사진과 살았을 때 아끼던 물건인 듯하다.
　부부는 소꿉장난하듯 아버지가 이리저리 정리하여 두면, 다음엔 어머니가 다시 정리하고, 그리고 아버지가 또다시 정리한다. 사실 정리할 것도 없는 작은 공간이지만 부부는 아무 말도 없이 그냥 제사상만 오랫동안 차리고 있다.

6월의 햇볕은 따사로웠다.

양산을 어머니가 들고 있었으나 제사상 정리에만 신경 쓰다 보니 햇빛을 올바르게 가리지 못하고 있다. 평소 묘의 주인공이 아끼고 좋아했던 것들을 마치 살아서 자기 방 한편에 정리하듯 부부는 오랜 시간 그렇게 하고 있다. 이번에는 작은 액자 속에 웃고 있는 주인공의 얼굴을 닦아주고 있다.

한 손안에 들어오는 작은 유리 액자지만 커다란 유리창을 닦듯 구석구석 정성스럽게 닦고 있다. 마치 자식과 긴한 대화하는 것 같다. 이어서 어머니가 액자를 남편에게 받아 한참 보다가 닦고 다시 보기를 반복한다.

자식이 죽으면 부모 가슴에 묻는다고 했던가.

부부는 아직도 자식의 죽음을 인정하지 않는 것일까? 아니면 알라딘 램프처럼 닦으면서 소원을 빌면 자식이 살아 돌아올 거라고 믿는 것일까?

열심히 정성스럽게 오랫동안 닦고 있는 모습을 묘역 두 칸 떨어져 보는 나는 너무나 슬퍼 나도 모르게 눈물을 삼키었다.

얼마 후 이곳에 온 것을 남기고 싶었는지 사진을 부탁한다.

사진 찍으며 묘의 주인공을 보니 일병 김정현이라 쓰여 있다.

나는 조심스럽게 말을 걸어 보았다.

"아드님입니까?"

"예, 군대 간 지 4개월 만에 보초 근무를 마치고 귀대하던 중 차량 전복사고로 그만…"

"예… 옆에서 보니 너무나 안쓰러워 함께 울었습니다. 참 안 되었습니다."

"이제 4년이 되었군요."

"슬하에 자녀는…?"

"아들하고 딸. 둘이었지요."

계룡산 자락 대전 현충원의 넓은 대지에는 많은 호국영령들이 잠들어 있다.

모두의 죽음은 슬프지만 자식을 먼저 보낸 부모님의 참배객은 가슴에 묻어 둔 자식을 토해내듯 오열하는 슬픔이다.

눈물을 흘린다기보다 가슴 가득 슬픔을 머금고 눈물을 마음속으로 흘리고 있는 부부의 모습.

그 슬픔을 무엇과 비교할까? 현실이 아니기만을 빌어 볼까나?

모자를 눌러쓴 사진 속 자식은 웃고 있다. 장난기 넘치는 천진스러움으로 부모님을 보고 있다.

살아 있는 자식 만지듯 액자 속의 자식을 다시 만진다.
부부는 말이 없다.
서로의 슬픔을 알고 있듯 긴 시간 아무런 말이 없다.
그러나 마음속으로 자식과 많은 대화를 나누고 있을 것이다.
지난 세월 자식과 함께했던 많은 일들을 다시 꺼내어 기억 속에 자식을 쳐다본다.
시간이 흘러 해가 중천에 이르자 현충원 참배객들이 하나둘 일어선다.
나도 아버님께 인사를 드리고 묘역 주변을 청소하고 옆을 보니 부부도 짐을 정리한다.
지난번 만들어 두었던 유리 박스를 가지고 가려는지 보자기에 싸고 약간의 음식과 휴지를 치운다.
쓰레기 한움큼 버리고 돌아온 남편은 더 치울 것 없는가 보다가 묘비명 앞에 놓인 치우지 않은 아이스크림을 본다.
6월 따사로움에도 아이스크림은 녹지 않고 온전한 모양 그대로다.

부부는 망설인다.
마치 아이 손에 들려 있는 아이스크림을 빼앗는 기분인 듯 치우지를 못하고 있다.

부인이 "어떻게 하지?"라고 묻자.

남편이 잠시 머뭇거리다가 "어떻게 하긴 치워야지."

부인은 "치워야겠지…"

남편이 말을 받아서 "녹으니까… 치워야지."

당연히 치워야 하는 것을 부부는 망설이고 있다.

아이스크림은 치워졌다.

그러나 부부의 가슴 속에 있는 아이스크림은 녹지 않을 것이다. 그것은 자식이 먹어야 없어지는 아이스크림이기 때문이다.

부부의 가정에 행복을 빈다.

추신 : 오솔길은 저의 필명입니다. 대전 현충원에서 두 분의 모습에 감동을 받았습니다. 건강하시고 감사합니다.

오솔길(필명)

장학금 수혜 감사(2005년)
일본어를 잘하는 형이었습니다!

안녕하세요!!

최근 날씨가 많이 이상해지기는 했지만, 추운 겨울날이 지나가고 따뜻한 봄날이 찾아왔습니다.

경기대학교 교정에는 벚꽃이 흐드러지게 피고 바람은 그 가파른 정문을 올라온 학생들을 반갑게 맞이하듯 살랑살랑 불어대고 있습니다. 아! 제 소개가 늦었습니다.

저는 04학번 김광수라고 합니다. 강원도 철원군에서 태어나 2004년도 경기대학교 일어일문학과에 입학하였습니다. 입학하여 처음으로 만난 선배분들이 03학번 선배님들이었고, 그중에는 정현이 형도 있었습니다. 강원도 철원군이라는 농촌에서 자란 저였기에 도시에서의 생활이 어색하였고, 모르는 점이 많이 있었습니다. 형도 힘든 졸병이었지만 저를 무척 자상하게 이끌어 주셨던 기억이 떠오릅니다. 특히 정현이 형은 일본어를 잘하였고, 일본에서 살았던 이야기를 많이 해 주었습니다. 그때는 갓 들어온 신입생이었기에 학교에 잘 적응하는 게 바빴던 저라서 귀담아듣지 못한 부분도 많았기에 그 점이 조금 후회가 됩니다.

하지만 덕분에 일본에 가고자 하는 마음에 확신이 생겼고, 작년 2010년 일본 히로사키 대학교에서 1년간 교환학생을 무사히 마치고 돌아왔습니다. 교환학생 장학금을 받지 못하여 아르바이트를 하면서 생활하였습니다. 집안 형편이 넉넉하지 못해 오랫동안 일본에 머무를 수는 없었지만, 많은 추억을 남길 수 있었고 좋은 경험을 할 수 있는 기회였습니다.

2011년 5월 현재 교사가 되고자 제 모교인 김화고등학교에서 교생실습을 하고 있습니다. 꼭 교사가 되어서 아버님과 같은 멋진 분들의 이야기를 학생들에게 들려주고 많은 것을 가르쳐 주고 싶습니다. 무엇보다도 이러한 장학금을 마련해 주신 아버님께 감사의 말씀을 드리고, 이 장학금이 어떤 장학금인지 잘 알기에 헛되이 쓰지 않겠다고 약속을 드립니다.

먼저 찾아뵙지 못하고 감사의 말을 편지로 대신한 점 죄송스러운 생각이 듭니다. 그리고 이러한 편지를 자필로 쓰지 못하고 불가피한 사정으로 이렇게 워드로 보내게 되는 것을 너그럽게 이해해 주시길 바랍니다. 저 이외에도 장학금을 받는 학생들이 많이 있다고 알고 있습니다. 그리고 매년 아버님과 만나는 자리를 만든다고 이야기를 들어 왔습니다. 올해 만나서 감사하다는 인사를 꼭 드리고 싶습니다. 최근 일교차가 심하다고 합니다. 부디 건강 유의하시기를 바라며 다시 한번 감사의 말씀 드립니다.

2011년 5월 9일
김광수 올림

| 에필로그 |

 이제 20년이 지났으니 놓아주라는 이야기를 듣곤 한다. 이번 20주기 추모 출판을 망설였던 이유이기도 했다. '세월이 약이다.' 말을 하지만 어찌 그리 쉬운 일인가?
 그런 고민을 뒤로 하고 『목욕탕의 슬픈 추억』은 탄생했다.

 『이 세상에서의 마지막 편지』, 『정현아 고마워!』, 그리고 이제 『목욕탕의 슬픈 추억』까지 세 권의 책을 출판하게 되리라고는 언감생심焉敢生心 상상하지 못한 일이었다.
 내 고향 퇴촌 도수초등학교와 광수중학교 동문 여러분, 그리고 친구들의 따뜻한 관심과 무한 격려가 있었기에 가능한 일이었다.
 팔달산 자락에서 동거동락했던 경기도청의 많은 동료들의 과분한 사랑에서 살아가는 이유를 찾는다.
 옛 광주 군청의 동료 선후배 여러분, 노쇠한 퇴직자를 친절한 언어로 맞아주는 광주시청 후배 공직자 여러분들께도 감사하다. 묵묵히 응원해 주는 주위의 많은 분들 덕분에 오늘에 내가 있음을 나는 잘 알고 있다. 감사하고 또 감사한 일이다.

『되돌리고 싶은 날들』로 아내와 함께 출판하는 영광까지 주어졌으니 과분하기 짝이 없다.

산고産苦 끝에 출판된 『목욕탕의 슬픈 추억』을 통해 같은 아픔을 겪는 이들에게 다소나마 위로와 격려가 된다면 다행스러운 일이다.

먼 훗날 손자 준오와 손녀 린아가 이 책을 읽으면서 할머니와 할아버지의 아픈 삶을 이해해 주는 시간이 오리라는 기대 또한 가져본다.

'호랑이는 죽어서 가죽을 남기고 사람은 죽어서 이름을 남긴다'라는 말이 있다.

이제 나이 칠십을 바라보면서 세 권의 책까지 출판했으니 "이만하면 됐지" 싶다.

사무치는 그리움으로
목욕탕의 슬픈 추억

초판 1쇄 인쇄 2025년 8월 27일
초판 1쇄 발행 2025년 8월 30일
저　자　김한섭
발행인　박지연
발행처　도서출판 도화
등　록　2013년 11월 19일 제2013-000124호
주　소　서울시 송파구 중대로34길 9-3
전　화　02) 3012-1030
팩　스　02) 3012-1031
전자우편　dohwa1030@daum.net
인　쇄　(주)유진보라
ISBN 979-11-92828-94-7 *03810
정가 17,000원

잘못 만들어진 책은 교환해 드립니다.
저자와 출판사의 허락 없이 책의 전부 또는 일부 내용을 사용할 수 없습니다.

도화道化, fool는
고정적인 질서에 대한 익살맞은 비판자,
고정화된 사고의 틀을 해체한다는 뜻입니다.